D1718534

Christian Futscher

Nidri

Urlaub total

Literaturverlag Droschl

Altmünster

Ferien 1971

> *Ein tiefer Drang nach Vollkommenheit*
> *beherrscht den Menschen.*
> Helmut Qualtinger

1. Ferientag, am 10. 7. 71

(Samstag)

Die Fahrt dauerte 6 h, allerdings
hatten wir 55 Minuten Verspätung.
Am Bahnhof von Attnang-
Puchheim wartete schon Herr
Duftschmied. Er führte uns
dann nach Altmünster und
zeigte uns unser Zimmer.
Nachher zeigte er uns noch
ein Gasthaus es heißt »Hocheck«.
Ich aß dort ein Gulasch.
Gerald durfte vom Herrn
Duftschmied ein wenig Bier
trinken. Um halb 6 führte

uns Herr Duftschmied noch
zum See. Dort sahen wir
zwei Mädchen die kleine
Schlauchboote ins Wasser
setzten. Doch Eine von ihnen
kippte beim hineinsteigen
um. Da lachten wir alle.
Doch das Mädchen, es war
eine Holländerin, schaute
uns sehr zornig an, murmelte
etwas vor sich hin und
ruderte mit ihrer Gefährtin
in den See. Um viertel vor
8 gingen die Oma und ich
noch in ein Gasthaus und
kauften 4 Semmeln und einen
Apfelsaft. Es war dort
sehr teuer, diese Sachen
kosteten nämlich 30 Schillinge.
Es war den ganzen Tag
schön. Wir hoffen daß der
nächste Tag auch so
schön sein wird. Hier ist
eine sehr schöne Gegend.
Vor unserem Haus ist
eine schöne gerade Wiese.
Gerald schlaft heute

im oberen Bett des
Stockbettes, wir wechseln
jeden Tag ab. Heute gingen
wir gleich ins Bett denn wir
waren sehr müde von
der Reise.

2. Ferientag am 11. 7. 71

In der Früh gingen wir
ins Gasthaus »Rittertal« essen.
Als wir unten waren
wurde es mir schlecht.
Allein ging ich dann
heim. Kurz darauf mußte
ich brechen. Inzwischen
gingen Opa Oma u. Gerald in
die Kirche und ruderten dann
mit einem Boot am See herum. 1/2 St.
kostet 5 S. Sie blieben
dann gleich unten im
Gasthaus. Die Oma aber
holte mich für das Mittagessen
ab. Aber am halben Weg
mußte ich wieder brechen.
Darauf ging ich wieder
heim und legte mich ins
Bett. Ich aß den ganzen
Tag nur: in der Früh:
1 Kaffee, Am Mittag:
2 Tassen Tee. Am Abend:
4 Zwieback und 1
Hagebuttentee. Der Gerald
legte sich auch schon

am 5 Uhr ins Bett, weil
uns der Opa aus
meinem Buch vorlas.
Aber um halb 6 mußte
der Gerald sich wieder
anziehen und mit der
Oma einkaufen gehen
Denn ganzen Tag war
schönes Wetter. Am Nachmittag
sahen wir einen großen Hasen

3. Ferientag am 12. 7. 71

Heute aßen wir bei uns
daheim Frühstück. Es war
mir nicht mehr schlecht.
Nach dem Essen gingen
der Opa u. ich an den
See rudern. Gerald und
die Oma warteten am
Ufer. Nachher besichtigten
wir das Strandbad bei
welchem man zahlen
mußte. Anschließend
badeten wir, aber nicht
in dem Bad wo man
zahlen muß. Dann gingen
wir ins Hotel »Khatarienen
Hof« essen, marschierten
noch auf die Post und
holten das Paket ab.
Nun bestellten wir
einen Taxi der es
uns vor die Tür stellt,
wir selber fuhren auch
mit. Daheim jaßten wir
um Geld. Das Auge
1 Groschen. Um 4 Uhr

gingen wir wieder
zum See und mieteten
uns für 1 Stunde
ein Motorboot. Als
wir dann wieder
zurückgingen kauften
wir noch ein. Daheim
aßen wir als Nacht-
mahl eine Henne. Gerald
und ich spielten
dann noch vor dem
Haus Federball. Um
9 Uhr ging ich ins
Bett. Der heutige Tag
war auch so schön
wie die anderen.

4. Ferientag, am 13. 7. 71

(Dienstag)

[Hier bricht das Tagebuch ab.]

Ca. 26 Jahre später:

Nidri
Urlaub 1997

das Lachen wird nie schwächer über dem Meer.
Dominik Steiger

Das Buch

Do

»›Schrille Schreie puren Entsetzens‹ drangen durch
die Stille« an mein linkes Ohr.
»Es war der Hund...« – Anfang des Wälzers,
den sie liest.[1] Er macht sich lustig über ihr
Gefesseltsein von dem Krimi.
Er schaut rüber zu ihr, schnappt auf aus dem
Krimi siehe oben. »Ha, so ein Quatsch!«
»Im Kontext ist das o.k.«
»Es stockt.«
»Das ist dein Problem.«
»Ich komme mit meiner Urlaubsgeschichte
nicht weiter...«
»Ein grünes Eiland erhebt sich aus dem
Wasser

(Sommergeschichten lesen die Leute am
liebsten)«
»Eiland?« Er unterbricht sie immer bei
der Lektüre des Krimis.
»Das ist Sagte-er-und-zündete-sich-eine-
Zig.-an-Literatur!« sagte er und zündete
sich eine Zigarette an. Eine ätzende
Urlaubsgeschichte will er schreiben, das hat
er vor dem Urlaub schon gesagt.
Mit scharfem Blick die Idylle sezieren
Touristenleichen pflastern seinen Weg,
vernichtende Kritik, bösartig bis zum
Geht-nicht-mehr. Das Meer ist ein fades
Etwas, blau, und Schiffe schaukeln darauf.
»Da ist es total angenehm, obwohl
Mittag ist«, sagt sie. Er schaut sich
ein paar nackte Brüste an.
Er weiß nicht, wie er die Urlaubsgeschichte
beginnen soll. Sie werde von Tag zu Tag
dicker... Sie liest ihm den ersten Satz von
dem Krimi vor.
»Ich geh ein Bier trinken!«
»Nein!«
»M. Lowry, E. Hemingway...«
»Trotzdem. Wir haben einen Wein.«
Er fragt sich: Warum liest hier niemand
Bücher von Zauner, Glück oder Hell? [2] Hell

zumindest, denn das würde zum klimatischen
Dings passen, ich meine…
»Dein Niveau! Weil die Griechen und
Italiener die nicht lesen.«
Blödes Volk! Blöde Völker! Krimis
CAP FEAR hab ich gestern gelesen Südländer

Blau war das Meer, da machte ich hinein
und siehe da, es wurde gelb. Da brach
Panik aus unter den Touristen u. Einheimischen
und alle Schiffe kenterten und alle Boote
erhoben sich in die Lüfte und machten
einen Mordsradau.
An den Bäumen hingen Früchte, die er
nicht kannte, so eine Art Birnen,
Baumfrüchte. Viel Blumen, ja, und
überhaupt eine Pflanzenpracht.
Der Berg, der Hügel, den aus dem Fenster
vom Balkon man sehen kann bewachsen
mit so Pflanzen, Quellpflanzen so wie
Wolken, wenn gewußt wird, wie die aussehen
– auch auf Beinen und Brüsten von
Männern gesehen vergl.bares: Quellhaare,
so wie die Quellwolken am Himmel.
In den Bäumen machen Tiere, die kein
Schwein je zu Gesicht bekam, so
Geräusche vergl.b. mit dem einer Ratsche

unaufhörl. ratscht es von den Bäumen
und ihr geht vor allem das Motorboot
auf d. Nerven. Daran an einem Seil ein
Mensch u. ein kl. Fallschirm od. was und
das Boot zieht die in die Höhe. Die Hitze,
die Hitze.

»Vamos! Gemma! Let's go!«

Mehr Brüste nackte! denkt er, aber da das
hier in diesem rückständigen Land (er hat
keine Ahnung von Griechenland) verboten ist,
sind nur ein paar Touristinnen, die keine
Ahnung haben, daß das hier verboten ist,
oben ohne.

»Ich geh ein Bier trinken!«

»Dann kriegst du aber am Mittag keinen
Wein!«

»Danke!« Er schreibt das auf.

»Du bist echt mühsam, Junge!« Sie klatscht
ihm auf den Bauch. »Schau auf's Meer
hinaus!«

Da hocken und liegen sie alle und starren
hinaus auf das blaue Meer und haben
weiß der Teufel was für Gedanken im
Kopf. Alles liegt u. sitzt Richtung Meer

Sie: »Warum hast du dir kein Buch
mitgenommen?«

»Das bißchen, was ich lese, schreibe ich

mir selber – wer hat das gesagt?«
»Du bist mühsam!«
»Ein gr. Geist auf jeden Fall glaube ich,
u. Alexander hat geschrieben: ›Der Urlaub ist
ANGEZEIGT‹ fällt mir ein, Ernst Herbeck,
nach Gugging fahr‹ ich wieder mal.[3)] War
in dem KURIER, den wir in dem Hauptkaff
gekauft haben eine Tel.nummer drin. Wenn
man vorher anruft, kann man einen Besuch
machen. Viell. ist auch noch ein Zimmer od.
ein Atelier frei.« Er wartet, daß sie was
sagt. »Na!«
»Ohne meinen Anwalt sag‹ ich nichts
mehr«
(Vorher: Paß auf, was du sagst, ich
schreib jetzt alles mit.
Von dir hängt es auch ab, ob das eine
schöne Urlaubsgeschichte wird. Also
bitte: geistreich, originell, witzig!
Sie schweigt.
Das Meer, die Wellen plätschern so
dahin, die nehm ich mir zum Vorbild.
Ja, ja, grün bewachsen sind die Inseln
vor der Nase, u. vor dem gelben Gebäude
jetzt ein Segel in Pink. ›Nick the Greek‹
tuckert mit seinem Boot täglich mit einer
Gruppe von Menschen von Insel zu Insel. Island

Hopping – machten sie gestern:
Der gestrige Tag, so genau wie mögl.
in seiner ganzen Tragweite:
Gebucht hatten sie für das Boot MARIA.
(»Schau, was ich gefunden habe!« Er hat sich
1 Bier geholt.
»Typisch österr. Urlauber. Dann bekommst
du keinen Wein zu Mittag.«
»Ich mag eh keinen Rosé (weil sie si nicht
entscheiden konnte, ob Rot od. Weiß kaufte
sie einen Rosé
»Dann stell es wenigstens in die Mitte!«
»Kein Platz!« – Die Liegen stehen zu nahe
beieinander)
gepfercht wurden wir auf ein anderes, auf dem
schon ca. 100 Leute waren. Kein Sitzplatz mehr,
also setzen wir uns in das Schiffsbug, an der
prallen Hitze.[4] Grelle Schreie puren Entsetzens
zerrissen die Stille in der prallen Hitze...
Und dann ging's halt so dahin über das
blaue Wasser, vorbei an Inseln u. dann
1. Höhepunkt: eine Höhle. Ganz nah ran
mit Boot (wann ist ein Wasserfahrzeug
ein Schiff?) – der Kapitän od. Bootsführer
zeigt uns, wie gut er sein Vehikel beherrscht
der Mast bis ganz knapp zum Felsen.
die Leute photographieren wie blöd, er

wundert sich über diese braungebrannten Südländer mit den Schweißperlen. Sie weist ihn
auf die Bläue des Meeres hin. Wirkl. zieml.
blau das Meer, der Reiseführer hat nicht
gelogen, das Blau ist wirkl. zieml. beeindruckend
so ein Blau.
(Zwei Militärflugzeuge zerreißen die Stille
des Himmels in der prallen Hitze.
Er liegt auf d. Liege und seine Gedanken sind
wie kleine Segelboote auf der unendlichen Weite
seiner Gehirnflüssigkeit. Er nimmt einen Schluck
Bier und sagt: »Meine Gedanken, diese Segelboote
schaukeln auf den Wellen meines Willens«
Sie liest in ihrem Krimi.)
(Auf seinem Feuerzeug steht VIENNA unter einem
kleinen Foto vom Stephansdom)
Er: »Wohin man schaut gelangweilte Pärchen«)
»Wenn ich jetzt mit einem männl. Freund
hier sitzen würde, wir würden früher od. später
von einer Welle der Begeisterung für das
weibl. Geschlecht hinweggespült werden,
würden uns überschlagen vor Sehnsucht…«
»Wirkl.?« fragt sie ungläubig. »So schlecht
habe ich noch nie gegessen!«
Das war auch gestern, die Chronologie ist ein
Hund!, als wir (er wollte es so) vorne beim
Bootshafen, wo die Animateure, d. h. die

Rattenfänger vor den Lokalen einen ansprechen
und einen zum Platz-nehmen bewegen wollen…
Essen: Ungewürzt. Karotten, Erbsen u. Bohnen
aus d. Dose, kalt – kein Gaumenspaß.
Dafür quatschen sie dauernd, die Kellner
»everything o.k., you are allright etc.
– wir [unleserlich] recht. Und zum Abschluß gibt's
einen Kaffee obwohl wir keinen bestellt
haben. ETWAS »fällt« ihm auf den
Rücken, bleibt dort, er greift hin u.
HEUSCHRECK riesengroß. »Die Stille Idylle
wurde durch ein riesiges steinzeitmäßiges
MONSTER zerrissen. Der Schrecken stand
in sein Gesicht geschrieben mit großen
schwarzen Buchstaben…«
Auf seine Sonnenbrille spritzte etwas. Es war
Blut. Wo kam das her? Vom Himmel
herunter war es gekommen, weil dort 2
Vögel mit Sonnenstich zus.gekracht waren.
Der eine hatte dem anderen den Schnabel in
den Hals gebohrt u. von dort war das Blut
gekommen. Er tauchte seine Sonnenbrille
in das Meer und: »Ein cooler Typ brachte die
pralle Hitze zum flimmern…«
Der Wiener, der schon ein paar Mal grob zu
seiner kleinen Tochter war, steht auf dem
Bootssteg und starrt auf das Wasser hinaus.

In seinen Gedankengängen ist es dunkel.
In Griechenland lacht die Sonne vom
Himmel, weil das Meer ein Witz ist.
Sommerliche These: Alle Kriege, die je
geführt wurden, die gerade geführt werden
und die jemals geführt werden werden,
haben ihren Ursprung in Griechenland.
Das werde ich beizeiten untermauern.
»Jetzt bist du aber fleißig« sagt sie.
Wenn du wüßtest, denkt er.
Der gestrige Tag…
»Du alter Griesgram«, sagt sie, nachdem
sie ihn am Oberschenkel unter der Badehose
gekrault hat.
Das Tier im Baum ratscht.
Frage: Wie viele Hitzepickel wurden hier
in Nidri am gestrigen Tag ausgedrückt.
Hat wer seine Innereien in Form eines
Gedichtes ausgedrückt?

Im Rock-Café war er auch noch gestern
Nacht: Doors, Led Z… er wurde nicht
alt dort
In der Touristenfalle: (immer wieder)
Früher wäre er daran nur verächtl.
vorbei…
»Das nächste Mal fahre ich allein

auf Urlaub!«, weil er meint, er sei in anderen
Dimensionen, weil er nicht auf auf ihr
Bauchkraulen so reagiert, wie sie's gern
hätte. Wie? Lächeln u. viell. sagen:
»Ich liebe dich.« – eine Sommergeschichte
mit einem heiteren Liebesgeplänkel od.
doch ein PLOT u. ein Furz, der die
Idylle zerfetzt, daß es nur so tuscht.
»Soll ich dir eine Sonne auf die Stirn
malen«
»Nein, du sollst nett sein zu mir.«
Er greift ihr zärtl. auf den Bauch, sie lächelt
unterbricht Lektüre.
»Nimm' ab, dann bin ich wieder nett
zu dir!«
»Und du, nimm zu, könnte ich sagen«

Und so plätschert das Leben in der Stille,
d. h. unter dem Geratsche des geheimnisvollen
Tieres, dahin in der sommerl. Hitze des
Augustes des Jahres 97, während auf der
gr. weiten Welt dies u. das passiert.

Er saß auf dem Balkon, es war am späten
Nachmittag, während sie drinnen auf dem
Bett lag und ihren Krimi, Thriller las
(soll ich auch sowas schreiben? Dann wären

wir reich. Pha, das ist mir zu fad: Genaues
Konzept, wissen wie's ausgeht, Atmosphäre
u. Handwerk – nee, nie.)
saß er, wie gesagt, auf dem Balkon und
zwickte sich in aller Ruhe u. mit stoischer
Hingabe (Stoiker: …) die Fingernägel
mit einem Nagelzwicker ab u. dachte an
ihren gem. Sohn, der die Nägel, nachdem er sie ihm
angezwickt, also nicht ganz abgezwickt hat,
so gern wegreißt.
»Er würde unsere Gegenwart heiter beleben«
»Dann könnten wir nicht hier so ruhig
sitzen, od. schlafen, wann wir wollen…«
»Dann nicht.«
in alle Sprachen übersetzt: Das Meer ist
die Oberfläche!
Ja, Himmel Herrgott Zack, wie das glitzert,
das Meer, da redet wohl die Sonne ein
Wörtchen mit, ja, die hat Esprit, die Sonne,
Potz Blitz, da glitzert es ja wie blöd da
auf dem Meer. DAS MUSS MAN GESEHEN
HABEN. Erklärt wohl, warum alle immer
auf das Meer hinausschauen. Doch am
Abend u. in der Nacht schauen ja auch alle
immer auf das Meer hinaus. Das ist dann
wahrscheinlich wegen der Erinnerung an das
Glitzern.

Und am Vorabend, also gestern, kamen
sie an einer Bar vorbei (eine Bar nach der
anderen – BAR d. HOFFNUNG fanden sie
schließl. eine BAR – »Dein Niveau ist zum…
Gut, wenn man selber die Zensurbehörde ist!)
die Glenfiddich im Sortiment hatte. Zack,
zwei Mal, der Barkeeper (»ob das ein Eunuch
ist?« fragt sie.) Gründe für das Aufsuchen
einer Bar. 1. Das Essen war so schlecht, daß
sie fürchtete, Lebensmittelvergiftung – Schnaps!
2. Fußball auf d. Fernsehschirm, der
aufgespannt war u. so vor der Sonne schützte,
d. h. es war Nacht, also ca. 23 Uhr schon,
da saßen sie also auf Barhockern u. der
Keeper schenkte so viel ein, daß sie später
(Fußball war nur d. Lockvogel gewesen,
kaum saßen sie kam eine andere Sportart,
u. für andere Sportarten interessierten sie sich
nur müßig bis gar nicht) vorzeitig ab ins
Hotel, nicht ohne ihm vorher den Rest-Whiskey
in sein Glas zu schenken, u. er also allein an
der Bar. Zuvor im Spiegel hinter ihm
sie u. er auf den Hockern, jetzt nur noch er.
Offensichtl. Schweden fallen von der
Straße in die Bar, einer salutiert u.
sagt: »Toilett and 3 beers«
die Frau, blond natürl., setzt sich neben

ihn – Jetzt also im Spiegel sie u. er. Er
denkt: Das sieht auch nicht schlecht aus.
Er ordnet für sich auch ein Bier. »I don't
need a glass!« sagt er weltmännisch,
weil der Barkeeper so auf die Schnelle keines
findet. – Und wie geht die Geschichte
weiter. Nur soviel sei verraten: Er führte
3 Gespräche (eines mit einem Griechen
u. 2 mit Schweden), die es in si hat
er wurde 2 Mal eingeladen und die
Bar war bei weitem nicht die letzte
Station auf der Reise durch die Nacht
in Nidri im August des Jahres 97, während
überall sonst auf der Welt im Vergleich
DAZU überhaupt NICHTS los war.
Fortsetzung später.
Jetzt zur aktuellen Sit.: Sie hat ihre
Liege vorgerückt in d. Sonne. D. h. jetzt
wäre Platz dazwischen für das Bier, aber
das ist bereits leer.
Nackte Brüste die sich d. Sonne entgegenrecken.
Ihm wird auch langsam kühl.
Wann wird ihr Magen knurren u. zum
Aufbruch der Zelte drängen?
»Eine Wolke zieht am Himmelszelt,
frag mich, ob mir das gefällt« hat einer
seiner Freunde einmal gesagt.

Die Daseinsberechtigung eines gelben
Sonnenschirmes kommt ihm plötzlich
zweifelhaft vor.
Leichtes Assoziieren zw. leichten Bieren

Der Reiseführer spricht: ATEMBERAUBEND,
ATEMBERAUBEND – das trifft nicht zu zum
Glück, die Luftzufuhr funktioniert tadellos.
Er hatte sich ja verliebt Anfang Mai,
aber das ist eine andere Geschichte.
(»Die Karte mit dem einsamen Segelboot
schicke ich ihr…
»Um ihr zu sagen, wie einsam du bist ohne
sie?«
»Ja.«
»Los geh'n wir jetzt, dann verzeih' ich dir
– ein Auto mieten. Sie so viel Initiative,
er ein fauler Sack, der nur Bier trinken will.
Aber allein, ja, wäre er allein unterwegs
… Warum ist das so?)
Er zwickt sie mit seinen Zehen in
den Oberarm u. sagt: »Ich habe Hunger!«
– Das ist Urlaub! Im alltägl. Zuhausesein
kommt das nicht vor, daß er sie mit den
Zehen in den Oberarm zwickt. U. somit ist
eine von mehreren Definitionen gemacht.

Sie will fertig lesen. »Nur noch eine Viertel-
stunde!«
Er nimmt sich vor, dann den Thriller zu
lesen u. Anregungen daraus zu ziehen.
Alle lesen sie da so dicke Bücher mit
vielen Dialogen u. SPANNEND sind sie
wahrscheinl. auch alle, da kannst du
Gift nehmen. U. in keinem d. Bücher
stehen Sätze drin wie »hubschraubermarmelade
bitte« [5] – das läßt ihn an der Menschheit
zweifeln.
Also bitte: dicker Schinken mit doofen
Dialogen u. einer Liebes- verquickt mit einer
Mordsgeschichte. Das Buch wird geöffnet
u. das Geld kommt herein. Das ist der
reinste Geldregen.
Ein Regentag wäre zw.durch auch
nicht schlecht. Dann wäre Erfindungsreichtum
u. Tatkraft erforderl. – meine Stärken,
die bei Helligkeit im Verborgenen schlummern.
Unbeschwert will er mit seinem Schlauchboot
über die Oberfläche der Ringe (ein kleiner
dicker Grieche schmeißt Steine ins Element)
paddeln. DAS WAR JETZT ABER KNAPP
DU KLEINER DICKER GRIECHE! Er
versteht ihn (mich) nicht, lacht aber
trotzdem aus dem vollen Gesicht. – Wenn er

wüßte, was für ein Gedanke mir im Zus.hang
mit seinen Fleischfalten gekommen war[6]
Die Ankunft war eine Ankunft u. ist
schon lange her.
Der erste Eindruck des Zimmers war:
sehr gut, da kann ich ätzende Sätze
schreiben.
Es war ja so, daß er zu diesem
Urlaub überredet, quasi gezwungen worden
war. Er hatte nichts am Hut mit
Sommercreme u. Sonnenhut. Das Griechen
land hat er schon abgeschrieben gehabt
vor Jahren, als so ihm tief unsympathische
Menschen (Aussteigergesindel u. Sonnen-
schwärmer) immer zuhauf in dieses
Südenpfuhl gebabelt sind:
»Bist du bald fertig?« schreibt er,
dann fragt er: »Bist du bald fertig?«

Ich sitze auf unserem kleinen Balkon. Es ist später
Nachmittag. In der Wiese liegen 2 leere Kisten.
sind gelb, die Kisten, waren mal Flaschen drin,
werden viell. bald wieder welche drin sein
auf einer schwarzen Fläche steht in Gelb
Heineken, seitl. größ, vorne hinten kleiner
eine ist umgekippt, liegt auf der Längsseite
die andere steht aufrecht, es könnten ohne

Umstände leere od. auch volle Flaschen hinein-
gestellt werden.
Und da wäre schon ein Titel da für die kleine
Sommergeschichte: Die zwei gelben Kisten od.
Die gelben Kisten (Vergl. Die gelben Männer von
U. Widmer, auch so eine Urlaubsgeschichte)

Die Farben des Griechenlandes sind ohne
Debatte Weiß und Blau (Blau/Weiß die
Farben des Fußballvereins meiner Kindheit v.
Feldkirch, damals ging ich mit Opa oft zu
Fußballspielen, der Stadt in der ich aufgewachsen
bin, über die ich gesagt habe ~~in einem Interview~~
auf d. Frage ›Was verbindet sie mit F.?‹:
Dort wohnt meine Mutter. Eine gute Frage.

Die gelben Kisten liegen neben dem Weg, der zum
Meer hinunter führt, auf etwas, das als
Wiese bez. werden könnte, nur wenig Gras für eine
Wiese, u. das wenige eher spärl. zwischen
Erde, Steinenen etc. Der Schatten des Hotels
berührt jetzt die umgekippte Kiste, eine Ecke des
Schattens eine Ecke der Kiste – die Kisten im Schatten,
weiter vorne, ca 5 Meter v. den Kisten entfernt
kann man erkennen im Schatten das vorspringende
Dach des Hotels.

Er begibt sich zum Strand, ein schmaler Streifen,
wo sie bereits auf d. Liege liegt und jetzt ein anderes
Buch liest. Da geht sie gerade unten vorbei.
Warum schon zurück? Er nimmt sich vor, sie
danach zu fragen. Sie ist bereits im Zimmer, geht
gleich ins Bad. Aha, viell. ist das der Grund
des vorzeitigen Aufbruchs. Im Bad ist auch das WC
(das Klopapier nicht ins WC, weil die Kanalisation
nicht so gut) u. darauf reimt sich olé! (Doch das
das ist nicht Spanien. Dort waren die beiden
auch schon, bei einer Hochzeit, aber das ist
ein anderes Buch)
Sie sei 2 Stunden gelegen, ob er wieder einge-
schlafen sei. Ja, das wird wohl so gew. sein
»Ich träumte was von einem wichtigen Fußball-
spiel, bei dem ich… aber ich kann mich nicht gut
erinnern
»Zum Glück, bleibt mir was erspart«

Sie las ihren Krimi fertig. »Du kannst inzw. ein
Messer besorgen u. dir überlegen, wie du den Wein
aufbekommst!«
Er nimmt ein Messer aus dem Besteckhalter,
geht rauf, zurück mit der Flasche, Kellner des
Hotel-Restaurants reicht ihm einen Korkenzieher,
bevor er noch danach fragt
(Gestern hatte er gedacht ›Dem sieht man an,

daß es ihm zuwider ist, hier die depperten
Touristen zu bedienen‹, und in diesem
Moment sieht er ihn an u. lächelt unvermittelt
und freundschaftlich)

Die Erinnerung macht Wuff-Wuff – C. Noteboom.[7]
Immer wieder gehen unten Bauchnäbel
vorbei.
Über das Vergnügen in Strandpatschen, in
so offenen Schlapfen zu gehen, müßte auch
einmal ein Hymne gedichtet werden in zeitgenössi-
scher Form.
»Die Stadt d. Dichter u. Barbiere« – Letztere hab ich
noch kaum welche gesehen, erstere sowieso nicht.
Daß sich erstere verstecken u. den Touristen aus
dem Weg gehen, versteht er ja, aber letztere. (Er z. B.
müßte dringend zum Frisör, aber vor dem Urlaub
konnte er nicht, weil der Laden ›Fräulein Frisöse‹
noch nicht eröffnet worden war: eine ungute
Vorgeschichte…)
Er erzählte zum Gaudium der Zuhörer: Sie
hat mich eingeladen. Sie hat mich vor die Wahl
gestellt: Entw. du fährst mit mir auf Urlaub oder
du kannst die Beziehung vergessen. – Auch eine
Vorgeschichte.
Er läßt sich zu vielem, was er sowieso will, gern
überreden u. hat so auch die Freiheit offen: ich

wollte ursprüngl. sowieso nicht. – So ist er in
mancherlei Hinsicht. Zu wenig initiativ, sagt
sie.

Sie duscht, er sitzt auf d. Balkon u. schreibt
an seiner Urlaubsgeschichte.
»Ich gehe schon voraus« sagt er u. denkt dabei
an Bier.
»Nein, du bleibst hier. Ich habe am Strand
2 Stunden auf dich gewartet.

Wir sind in dem Lokal unseres Hotels. Das
Motorboot fährt immer noch hin u. her. Bier steht
am Tisch, 2 Flaschen.
Einen Luftballon hat er eigentl. immer dabei.
Er sitzt mit dem Rücken zum Meer. Das hat
es hier noch nie vorher gegeben.
Sie schreibt Urlaubskarten, er sieht den großen
Ameisen bei ihrem Treiben zu.
Für die nächsten 2 Tage ein Auto gemietet.
Leider keine gemütlichen Tage hier, sondern viel
ON THE ROAD. Das wird ein Sausen u. Brausen.

Gestern: Nachdem sie ihm ihren Whiskey ins
Glas u. Ciao, setzen sich 3 Schweden neben
ihn an die Bar. Eine blonde Frau sitzt jetzt
neben ihm. Im Spiegel: Auch nicht schlecht.

Der erste Schwede salutiert, sagt »The Toilett and
3 beers!« Als er zurück ist, hält er ihm die
Hand hin, Hello, how are you, my name is
– vergessen. Er schüttelt die Hand zwar,
verrät seinen Namen aber nicht, starrt wieder
geradeaus u. beobachtet die vielen Flaschen,
die dort stehen.
Dialog mit dem Barkeeper: »Tour de Franz«
»Hä?« »Tour de Franz! Tour de Franz!«
»Ah, Tour de France« »Tour de Franz!« – und
das mit seiner Eunuchenstimme. Das war auch
schon das Gespräch über Grenzen hinweg zwischen
dem Barkeeper u. dem Touristen.
2. Gespräch, nachdem der erste Schwede mit
der Schwedin rausgewackelt (er hat ihr vorher
schon immer an den ausladenden Po gegriffen)
streckt ihm der…
(»Jetzt mußt du mir helfen« Sie hat alle
Karten mit Adressen versehen u. jetzt soll
er ihr beim Text helfen
1. Vorschlag: »Die Sonne lacht vom Himmel,
denn das Meer ist ein Witz« –
»Stimmt nicht, sagt sie.
Doch, es ist ein Witz.
Was anderes.
2. Vorschlag: »Gestern sind wir mit einem
Schiff von einer Insel zur anderen gehopft, morgen

fahren wir mit dem Auto auf der Insel herum

Essen auf dem Balkon. Es gab Rosé, Wasser,
Oliven (O. »ich liebe O., obwohl sie mir eigentl.
glaube ich, gar nicht schmecken. Sie schmecken mir
auf einer anderen als einer geschmackl. Ebene…)
Tomaten, Sandwich, u. so eine Art Spinat-
strudel.

Sie will einen Schlußsatz, hat tatsächl.
Gerald M. u. Maria P. geschrieben: »Vor unserem
Hotel liegen 2 gelbe Kisten, dahinter ca. 5 grüne
Inseln«
1. Vorschlag: »Kein Schwein liest hier Zauner,
Glück u. Hell, alle lesen sie King, Glass und –
Homer!
Besser: Kein Schwein liest hier Zauner, Glück,
Hell, Priessnitz, Czernin, Schmatz und Donhauser,
alle nur King, Konsalik, Heineken, Amstel und
Homer.

Die Strohhalme, Trinkröhrchen in den Gläsern
der Kinder recken ihre Hälse zur Sonne.
»Liebe Grüße aus Lefkas, der Insel der
Dichter u. B. Ich bin hier mit einem D. der
dringend zum Barbier müßte«
Vorschlag: Wir haben hier Aussicht auf

die Insel, auf d. Onassis geprotzt hat. Er ist
tot, wir leben Es gibt eine Gerechtigkeit.
An Mama?
Vorschlag: »Liebe Grüße aus dem Griechenland,
der Wiege des europäischen Geistes…«
Gr. Mythologie hat ihn nie interessiert, er hatte
geradezu eine Abneigung gegen dieses
Göttergewusel u. einen Widerwillen geg.
Autoren, die sich an die gr. M. anlehnen,
Anregung holen aus dem Götter- und
HeldenWUST u. … Hat das viell.
mit der Schule zu tun, mit der Lit.vermittlung.
Sein Beitrag zu einer Karte nach England, an
den Rand gefuzelt: sun and sea is the key –
to what? We will see!
Der Ofen ist bereits angeworfen, d. h. die
Flammen züngeln lichterloh.
Griech. Familien, ital., u. Wiener haben
Platz genommen zum Essen.
Es ist unglaubl. wie sich Frauen verändern,
wenn sie sich schminken.

Vorschlag: L. G. v. der Insel der D. + Barb.
wo es aber auch Ameisen, ratschende Tiere
u. Touristen gibt. Das Wiener Lokalkolorit
sitzt nur 5 Meter entfernt.

»Jetzt packen wir das weg«, die Karten,
sagt sie u. schneuzt sich. Ihre Nase.

Das Restaurant, in dem sie essen, hat sich zu
seinem Lieblingsrestaurant herauskristallisiert,
nah am Wasser, weit weg vom Rummel, nett
überdacht hinten, weiter vorne knapp vor dem
Meer, seine Lieblingstische alle belegt.
Er ißt als Vorspeise Miesmuscheln, sie einen
gummiartigen, überbackenen Käse. Alles ist
gut, bis er, was er schon längst tun wollte,
ihr ein Geständnis macht... Das klammern wir
hier aber aus, würde den Rahmen sprengen, d. h.
die Urlaubsgeschichte wäre dann nicht
mehr heiter, würde nicht mehr leicht auf der
Oberfläche schaukeln, sondern: tragische
Aspekte, unvermittelt in die Idylle eingebrochen,
Ängste, was die Zukunft dreier Menschen anbe-
langt, Abgründe – Nein, keine solchen in
dieser Geschichte, die bleiben ausgespart.
Sie ist distanziert in d. Folge, er wirft
trotzig den Kopf in die Höhe – der Abend (ihm
schien es der ideale für d. Geständnis zu sein)
ist kaputt, ab ins Bett u. weg

Er, sie schläft schon, wird nicht müde zu
lesen: Perec u. dann Toussaint[8], eine kleine

Tour de Franz quasi, obwohl letzterer ja ein
Belgier, aber spielen tut sein Buch auch in Paris.
Ja, ja, das kleine Buch spielt in Paris, der geheimnis-
volle schwarze Photoapparat, der Lauser.
Und da plötzl. zw. spät u. früh, da packt
ihn wieder eine Euphorie für d. Literatur im
speziellen u. allgemeinen: dem Nicht-eingeweihten
ein ödes kleines Ding mit Sätzen Na-und,
Phu, ist mir zu anstrengend, da mach ich
lieber Pipapo, und für ihn da im Bett
plötzl. wieder diese öfter auftretende Euphorie:
da klappt man so ein schmales Buch
auf, verliert sich darin, findet einen Schlüssel
nach dem anderen und Türen ohne Ende öffnen
sich in alle möglichen Räume, u. der Spielraum
wird weit gemacht u. die Flügel bekommen
Luft, und so viele Tasten etc. Dem einen ein
kl. mickriges Buch, ein Buch eben, dem
anderen eine unermessliche Weite, diese
Möglichkeitsfenster, dieser Schwarm von
Menschen, Bildern, Gedanken, Ideen etc.
Er schläft ein und schläft gut, im Gegensatz
zu ihr.

Jetzt haben wir also ein Auto, ein tolles
Auto, das fährt. Was für eines? fragt der, der
dem Auto ein Interesse schenkt. Ein rotes!

antworte ich, für den bei einem Auto nur
zählt, daß es fährt. 4 Türen hat es, könnte
ich noch hinzufügen, der Autokenner u. -
liebhaber weiß somit mehr, u. sein Wissens-
durst ist zwar nicht ganz gestillt, aber
immerhin.
Die Straßen sind soweit so gut: sie
sind nur etwas ausgefranster als unsere,
also nicht so abgegrenzt u. nicht am Rand
behübscht mit Leitplanken od. geraden
Abgrenzungen. Sie führen durch die Büsche teils
und wir fahren defensiv, d. h. ich fahre
so, denn sie hat keinen Führerschein und
wird auch besser nie einen haben. Im Auto weiß sie
nicht mehr wo links u. wo rechts, sie neigt
zu panischen Reaktionen, erschrickt leicht,
macht ihn besser nie.
Die Bergdörfer hinter Nidri oben will sie
unbedingt sehen. Er denkt, die können mich
mal, sind wahrscheinl. atemberaubend,
malerisch und so, sagt: »Was willst du
denn dort. Wer interessiert sich für irgend-
welche Bergkäffer!« Sie geht nicht ein auf
seine Gereiztheit, die viell. auch darin ihre
Ursache hat, daß der Bankomat in N.
bei ihrer Karte kein Geld ausspucken wollte.
Schön, jetzt haben wir ein Auto, aber das Geld

reicht nicht mal mehr für Wasser u. Brot,
von Bier u. Wein u. Souvlaki u. Zalziki
etc. ganz zu schweigen. Sie die Ruhe in
Persona grossa: »Fahr'n wir eben nach
Lefkada, da werden wir sehen.« Und dort
der Bankomat rückt Geld heraus. Und er ist
wieder beruhigt. Er haßt es, im Urlaub kein Geld
zu haben, im Urlaub will er sich nicht lumpen
lassen, da kann das Sparschwein zuhause
hohl wie Stroh sein und das Minus auf der
Bank die Debetsaldisten aktivieren, das
will er nicht: im Urlaub am falschen Platz,
näml. z. B. am Platz d. griech. Freiheits-
statue, die übrigens keine Fackel sondern
eine Flasche Verzema in der Hand hält
und auf deren Sockel eingraviert ist:
Ein Hoch auf das Bootssegel nieder mit
dem Sargnagel, die Wellen spülen uns
ans Ufer u. mit einem Schlauchboot als
Hutbedeckung u. links u. rechts eine
schwarz gekleidete Uroma im Arm reisen
wir uns ~~die Halsb~~ das Geschirr vom Hals
und wenn die Flammen im Ofen züngeln
lassen wir die Leinen flattern im Wind in
einer Bucht z. B. u. klappt das Buch,
schnappt es nach dem besten Happen und
sooft sich zwei halbnackte Menschen zwischen

Welle und Gischt umarmen, wird irgendwo auf
der Welt ein Traum erfüllt, und (»Redest du
ein bißchen mit mir?« sagt sie. »Nein, ich bin
jetzt nicht in d. Lage!) es platzt eine Blase
und ein Schnorchel guckt frech aus dem
Meer.
»Jetzt kann ich wieder reden.«
Sie schweigt, schaut kaum von ihrem Buch
auf. »Du sollst mich nicht immer angranteln!«
»Entschuldigung, nicht böse sein. Ich bin
immer froh, wenn niem. auf mich böse ist.«
»Wenn immer wer auf dich böse ist?«
»Nein, wenn niemand auf mich böse ist«
»Auch eine Maxime.«
»Hat der Kellner vom Café Rotunde mal
gesagt. Ich bin immer froh, wenn niemand
auf mich böse ist.«
»Könnte auch meine Maxime sein.«

Maximaler Strand, den wir da dank ihrer Initiative
gefunden haben, heißt Egremni hier u. ist
atemberaubend und irgendwie unwirkl., für meinen
Wirklichkeitssinn etwas daneben neben dem, was
ich so gewohnt bin an realem Unsinn, der sich
auch oft in Örtlichkeiten manifestiert. – Ja,
er ist unverkennbar ein urbaner Intellektueller. –
Hier hat alles einen Stich ins Unwirkliche,

der Sand (der erste Sand seit Jahren, den ich
wieder unter den Füßen u. zw. den Zehen
habe: »Hallo Sand, lang nicht mehr gespürt!«
riefen die Sohlen sofort begeistert aus.
Der Sand daraufhin trocken: »Mir steh'n die
Sohlen schon bis hierher!« – Doch soviel Leute
sind hier gar nicht. Ich zähle die SETS
(2 Liegen, 1 Sonnenschirm): ca. 20, eher
weniger, dann noch ein paar private Schirme
that's it. Ein schmaler Streifen Sand
(ca 10 – 15 Meter) zw. steil abfallenden Felsen
(gelbl. weiß, weiter oben bewachsen – und was höre
ich da oben durch den Lärm, den das Meer
macht: Ratschen) u. Meer, das hellblau ist
dem Ufer entlang, ein breiter Streifen HELLBLAU,
dahinter dann wieder das DUNKELBLAU
die weiße Gischt, und auch so ein schmaler
Streifen voller Steine zw. Gischt und Sand,
und am Horizont weit weg 2 große Schiffe,
eines links u. eines rechts, der Himmel:
(und der (u. das HELLBLAUE Wasser) tragen
zu diesem unwirkl. Charakter in meinen
Augen bei, eine etwas RÖTLICHER Färbung
usw.
Ich nenne mich einen Beschreibungskünstler
und warte auf allfällige Reaktionen.
Sie liest ein Buch jetzt, das sie bereits in

Wien begonnen hat, wieder ein Krimi, diesmal
auf ENGLISCH, der heißt ›Death in a Strange
Country‹ von einer gew. Frau Leon.[9]
(Hat nicht der BÜCHNER ein Stück
geschrieben mit dem Titel ›Leon u. Lena‹, ein
lustiges?)
In diesem Sand hier will er keine Spuren
hinterlassen, aber in einem anderen Sand
schon.
Geld wie Sand am Meer.
Viele seiner Freunde sind am Sand. Und
berechtigten einst zu so großen Hoffnungen
u. hatten so gr. Träume.

Im Auto auf der kurvigen Bergstraße hinter
Lefkada meint er zu ihr u. fühlt sich dabei wie
ein RICHTIGER Mann (er fährt zwar gern Auto,
interessiert sich aber nicht für Autos, so wie das
richtige Männer, du meine Fresse!), d. h. er spielt
den Autofahrer, der er nicht ist, daß man einen
GUTEN Autofahrer daran erkennt, daß er beim
BERGAB wenig auf die Bremse, Bremsbelag
und so besonders bei dieser Hitze, sondern daß
der durch geschicktes Gangschalten
die Bremsung besorgt. Vor ihnen lauter
Bremslichter, die in jeder Kurve leuchten.
Armleuchter! Er fühlt sich gut, so hinter dem

Steuer eines roten Viertürers. (Er hat zwar einen
Führerschein, aber kein Auto, u. wenn er in Ö.
mal Auto fährt, dann in F., mit dem seiner
Mutter, aber dort ist er in den letzten Jahren
immer nur kurz, meist um die Weihnachtszeit
herum)
Sie liest in ihrem Death etc., 2 ausgewachsene
Griechen spielen mit einem Ball. Einer im
Wasser, wirft den Ball (ein weißer Ball) einem
zu, der am Ufer steht. Und so geht das
hin und her.

Ein nettes kleines Café wäre auch noch
zu erwähnen, das ca. 15 Sonnenschirme
entfernt ist. Nur ein paar Tische, Stroh(?)dach
Dort quatschte ihn ein Grieche auf
Griechisch an.
»I'm sorry, I don't speak Greek«
»Don't speak«
»I'm sorry.«
Und das war's auch schon. Wieder so
ein interessantes Gespräch.

Vorgestern (jetzt aber, ohne daß ich mich
wieder DAVON ablenken lasse: das GESPRÄCH
mit dem SCHWEDEN)

»Du meine Scheiße!« sagt sie u. steht auf.
»Was ist?«
»Schau, die 2 Wiener spielen ~~mit~~ Ball.
Nächstes Jahr müssen wir auch einen Ball
kaufen.« Sie liegt schon wieder. Nie wird er
erfahren, warum sie »Du m. Scheiße« gesagt hat.
Jetzt könnte er den Grund dafür…
»Jetzt sind hohe Wellen!«
… noch in Erfahrung bringen, aber dafür
hat er jetzt keine Lust. Ohne Geheimnisse
sollte auch eine Urlaubsgeschichte nicht
auskommen. Jetzt spielen also schon 2 mal 2
Menschen ganz in unserer Nähe mit jew.
einem Ball.
Die Wiener: Er hat sie gleich bemerkt,
hat sie dann auf dem Weg zum Kiosk
(erst SET, dann MEER, dann BIER u.
SANDWICH) gegrüßt. Sie wohnen im selben
Hotel. Und er ist ihm gestern positiv aufgefallen
dadurch, daß er zu einem extrem braungebrannten,
eingeölten älteren Wiener, der immer strahlt wie
ein Schneekönig, auf dessen munteres morgendliches
»Gemmas wieder an!« auf dem Weg zum Strand
trocken u. wie mir schien ironisch erwiderte:
»DES TAGES MÜH' UND PLAG'« – Das fand
er gut, das nahm ihn ein für den sonst
stillen Herrn, der auch immer etwas abseits,

mit seiner Frau, ein sympathisches Paar.
Jetzt werfen sie sich im Wasser, die Wellen
sind tatsächl. höher jetzt, ein kleinen roten
Ball zu u. ihre ca. 50jährigen Gesichter
sind offen u. freundl.

Sie schläft jetzt etwas, zugedeckt mit einem
roten Frotteehandtuch.
Da kommt ein großes Schiff auf uns zu,
Boote werden zu Wasser gelassen, du liebe
Zeit, ein WIKINGERSCHIFF, das kann doch
nicht, das geht doch nicht mit rechten, ja
was soll denn das, und in den Booten
WIKINGER, wüste Gesellen, brüllen irgendwas
UNVERSTÄNDLICHES, fuchteln mit Dingen, die
Waffen zu sein scheinen in der Luft herum,
und da stürmen sie schon an Land, wissen
nicht so recht ~~ich~~ wohin, zögern, (ich
lasse sie schlafen, sonst bekommt sie womögl.
Angst) glotzen den bärenstarken Riesen mit
dem größten Kopfaufsatz an, der zeigt natürl.
jetzt kein Zögern mehr, sonst wäre es um seine
widernatürliche Autorität viell. ungünstig bestellt,
brüllt, zeigt mit seinem behaarten Arm in dessen
Hand ein SCHWERT auf mich u. ALLE
BRÜLLEN und stiefeln ~~tapfer~~ auf mich zu
so schnell wie es geht, aber die Wellen haben

auch ihre Kraft in sich, wenn sie vom Ufer
zurück, und ich gehe grinsend auf die
unzivilisierte anachronistische Horde zu
und sage: »Ihr seid im falschen
Hörspiel!«
Sie verstehen Bahnhof.
Ich probier's auf International: YOU ARE
IN THE WRONG PLAY, WAPPLER depperte!«
Das scheinen sie nach reiflichem Zus.kneifen
der Augen (wie sie unter ihren Wikingerhelmen
schwitzen!) zu kapieren u. drehen
verdrossen wieder um, und sind kurz darauf
wieder hinter dem Horizont verschwunden.

Sie schläft u. so verhalte ich mich gegenüber
der Frau, die plötzl. aus dem Wasser steigt
ganz anders als gegenüber den Wikingern…
Apropos, der SCHWEDE!
Es war in der Bar, nachdem ich den vielen
Glenfiddich getrunken hatte, als 3 Schweden
neben mir Platz nahmen etc. 2 waren dann
wieder weg, ich hatte schon das Bier ausge-
trunken, als d. dritte Schwede (blonde
Locken, verteufelt besoffen) mir seine Hand hin-
streckte. Und der Dialog dann so: (Übersetzung
aus dem Englischen) (Er lädt mich auf 1 Chivas
ein, wieder so viel)

Schwede: Woher bist du

ich: Österreich

S: Ah, da viel Skifahren

ich: Ich fahre nicht Schi

S: In Schweden kann man nur ein paar
         Monate im Jahr Schifahren in Ö. immer

ich: Aha, das wußte ich nicht. Wie gesagt,
         ich fahre nicht mehr Schi. Als Kind
         schon, aber das ist lange her

S: Was denkst du über Griechenland?

i: Ein wundervolles Land

(er ist enttäuscht mir scheint, denn er
wollte sich kritisch äußern, d. h. es
gefällt ihm gar nicht)

S: Ich kenne einen aus Österreich

i: Aha

S: Der Stiefvater meiner Freundin hat
         uns eingeladen auf diesen Urlaub

i: Mich hat meine Freundin eingeladen.
         (Lüge glatt)
         ist der erste Sommerurlaub für mich
         seit langem

S: Äh

i: War das vorhin deine Freundin

S: Ja

Ich denke mir meinen Teil, denn der andere
Schwede ~~sein F~~ hatte doch immer die Hand

49

auf ihrem Gesäß

i: Österr. spielt bald geg. Schweden in der
          WM-Qualifikation
S: er nimmt sein Glas, schluckt, hält sich
          an der Theke, läuft auf die Straße, biegt
          um die Ecke... Tja, und weg ist er u.
          kommt nicht mehr zurück und ~~mein~~ ich
          kann mir schon denken.
Also sitze ich wieder allein. Neben mir
ein paar Barhocker weiter jetzt einer, der
gebannt die ›Tour de Franz‹ od. das
›Tennis de Monz‹ verfolgt.
Der Barkeeper (inzw. ein anderer, nicht
mehr der Eunuch) lädt uns beide auf einen
Tequila mit allem Drum u. Dran ein.
Danach beschließe ich, mich zu verabschieden
einem weiteren Gespräch wäre ich nicht mehr
gewachsen.
Er ist schon fast ZUHAUSE, da lockt ihn
der Strom der Promenierer auf d. Hauptstraße,
die noch gar nicht daran denkt, zu Bett zu
gehen, in die andere Richtung.
Im ROCK CAFÉ sitzt er dann an der
Theke, neben ihm ein älteres Paar mit
2 grünen Cocktails, der Mensch hinter der
Bar bemüht lebhaft u. geht mit der

Musik mit und mir am Arsch vorbei mit
seiner zwanghaften Aufgekratztheit, und die
Musik, hört, hört, HARD ROCK hart an
der Grenze zw. Vorgestern u. Vorvorgestern:
der altbekannte Schmus von Led Z. u.
Doors u. ACDC u. dazw. eine Nummer v.
NIRVANA – ich verlasse das Etablissement,
komm bis zum MYTHOS, dort überkommt
mich ein allerletztes Durstgefühl, die
Kellnerin mit den Haaren fast bis zum Boden
dazw. ganz oben ein entrücktes Gesicht,
eine blasse, ich möchte fast sagen mythologische
Schönheit, ist nett zu mir u. bringt mir ein
Bier.
Dann ein Nachhauseweg am Saum des
Mantels, der so viele Geheimnisse
verbirgt, wenn man ein drittes Auge für
die Dimensionen des Elementes unter seiner
Oberfläche im Caput hat, mir scheint ich
sang so vor mich hin od. pfiff ich, jedenfalls
fiel es nicht unter Ruhestörung.

Vor ein paar Tagen hatten sie sich zwei·
Fahrräder ausgeliehen und traten gegen
Abend in die Pedale Richtung Raus aus Nidri.
Sie wollte auf der Halbinsel zu irgendeiner
Kapelle, gegenüber v. Nidri am anderen

Ufer, ihm war das recht, sie sausten auf ihren
Fahrrädern dahin, mal ging es rauf, dann
wieder schön runter, vorbei an diesem u. jenem,
er sang Lieder vor sich hin, der Schweiß
kam aus den Poren, es war ein befreites
Dahin, mal hinauf, dann wieder schnell
hinunter, mal so hinauf, daß sie die Räder
schieben mußten, u. schließl. waren sie
irgendwo u. da stand ein Moped u. der
Weg plötzl. unwegsam u. ein Schild:
No way out od. so ähnl. u. sie gingen (die
Fahrräder hatten sie abgestellt) den Weg
hinauf u. da hingen Spinnen vom
Himmel, dicke große Spinnen am Wegrand
VORSICHT! und das Schild mit dem
unheiml. Text u. dann links eine Ruine,
ein verfallenes Gebäude, Schutt u.
Schmutz u. darin ein junges Pärchen,
eng umschlungen u. er dachte sofort
an den Satz v. H. Miller: »Aus den
Trümmern irdischen Bemüh'ns erhebt sich
der Gesang d. Schöpfung« u. das Pärchen
war gestört, d. h. sie zischten ab, böser
Blick, tja, wir sind Touristen und hätten
wir gewußt, daß hier ein Liebesnest – doch
bitte wo soll hier denn gelegen werden
Bums zw. Schutt u. Schmutz mit Angst

daß Krach u. Ziegel im Genick? und er
bewunderte den Tatendrang von ihr, denn sie
kämpfte sich durch Gestrüpp einen Pfad
entlang, sie wollte ums Verrecken zu dieser
Kapelle, im Reiseführer war schließl.
gestanden… bis auch sie kapitulierte
vor einem Gitterzaun u. den sonstigen
Umständen. Zurück, u. da waren plötzl.
so viele Heuschrecken auf d. Straße,
alle paar Meter ein Heuschreck, sie überfuhr
fast einen, er hat gleich beim ersten Lust
voll drüber, verkniff sich aber den
spontanen Wunschdrang, kurvte brav
neben den Tieren vorbei (ihr, wie sich später
herausstellte, war kein einziger Heuschreck
aufgefallen, trotzdem hatte sie keinen einzigen…
»Hör mal auf«, sagt sie, erwacht. »Du
hast so viele Falten auf der Stirn…«
»Weil ich soviel denken muß«
»Jetzt ist mir kalt«
»Wie spät ist es?« (Wie ist Uhr? fragte er
die Tage mal. Und die Italiener im Hotel,
die beeindruckten ihn gestern durch ihr
lautes Sprechen: so voll, so kratzig und
prall die Stimmen der jungen Frauen, so
klar, schien es ihm, geg. sein beizeiten
gestümmeltes Halbdeutsch auf dem

unsicheren u. löchrigen Boden einer
leicht verrutschten Vernunft, die immer wieder
einer gegenwartslosen Welle, auf d. kleine
Narrenboote schaukeln, ihre Aufwartung macht...)
»Viertel vor 5.«

...überfahren.
Auf dem Spaziergang zu dem Wasserfall
(auch dorthin wollte sie, ihm war es recht, gut,
vamos, gemma, auf geht's) war er beeindruckt
von ihrer Kenntnis des Obstes, das da an den
diversen Bäumen hing. Sie wußte von vielem,
was es war, d. h. wie es hieß, er stapfte
hinter u. neben ihr durch die Obstplantagen,
sie machte ihn auf die verkrümmten, irgendwie
so krampfaderig gewurschtelten dicken Stämme
der Olivenbäume aufmerksam. bei uns so
gerade Stämme, die aussehen, als wären sie
bei bester Gesundheit, schlank u. rank, dageg.
diese Olivenbäumstämme: sie verglich sie
mit den uralten Weiblein, die schwarz gekleidet
einem manchmal begegnen, ...
»Geh'n wir ins Wasser?«
Er nimmt sich vor, sie im Wasser zu
umarmen (da ist sie nicht so schwer wie
an Land)

Er hat sie nicht. Wie so vieles, was er sich
vornimmt, bringt er dann nicht

Was man am Meer alles machen kann:
1. Steine ins Wasser werfen
2. Steine über das Wasser hüpfen lassen,
   mitzählen, wie oft sie aufspringen bevor
   (bei ruhigem Wasserspiegel)
3. Sandburgen bauen (an einem Sandstrand)
4. Steinburgen bauen (an einem Steinstrand)
5. Die Füße von der Gischt umschwemmen lassen
6. Schwimmen
7. Den Horizont anstarren bis das äußere
   Lichtflimmern in ein inneres übergeht, bis es
   außen und innen lichtflimmert
8. Ausschau nach nackten Brüsten, tollen
   Körpern halten u. sich daran ergötzen
   ohne Absicht (eine erhitzte Phantasie kann
   im Wasser wieder abgekühlt werden
9. Im Sand eine Zündholzschachtel vergraben
   mit einem Zettel darin u. einer internationalen
   Botschaft
10. Eine Flaschenpost aufgeben (habe damit
    damals vor vielen Jahren in Italien gute
    Erfahrungen gemacht, eine Korrespondenz
    hat sich entwickelt. Rückmeldung völlig
    unerwartet nach einem halben Jahr, zuvor

war ich von div. Leuten verspottet worden)

11. Das Meer wie ein MAGISCHES BILD
    betrachten, ganz intensiv, u. plötzl. kippt
    es u. es kann gesehen werden das
    UNGLAUBLICHSTE

12. Sand rieseln lassen u. dabei über die
    Zeit meditieren

13. Schlafen u. ~~von~~ von den Geräuschen, die
    das Meer macht, inspiriert

Fleisch mit Salz: Es war gestern, am
frühen Nachmittag im Bett, nach dem Essen
auf dem Balkon, da gab es anschließend
im Bett ein Menü, das war Fleisch mit
Salz. Vorspeise ein Vorspiel a la
carte olé mit Würstchen und Muschis
danach eben Fleisch mit Salz, garniert
mit süßem Schwitz und nass das Wunder-
haar so wundertoll ein Schwimmen fast,
danach ein Desert weit und leer und
süß im Nachhall
Und später an dem späten Nachmittag
weil so gemundet noch ein Nachschlag:
diesmal härter u. nicht mit so vielen
Gängen, sondern geradewegs in die
Hauptspeise hinein, das heißt das Spiel
davor ist oft ja der Schlager, will sagen

das Hauptereignis, besonders dann wenn
die Häupter sich ~~vernei~~hinabbegen ...
Und später bei dem Essen am Abend
in seinem Lieblingslokal, wo der Kellner am Tisch
die Flasche entkorkt u. am anderen Ufer
ein gelbes Gebäude still beleuchtet im
Wald, da glaubte er, die Zeit wäre
reif für das Geständnis u. so vermasselte
er den Ausklang.
Da, bei diesem Essen vor dem Geständnis,
als noch keine Trübung in Sicht, sagte er
zu ihr: »Keine Angst, darüber schreib ich nicht.

14. Sich im Sand eingraben
15. Am Strand hin u. her spazieren
16. Sich an glückl. Urlaubstage der Kindheit
    erinnern, als Vater noch lebte, Bruder
    ~~und Schwestern~~ noch nicht geschieden
    war, Schwester noch nicht Mutter dreier
    Kinder war, andere Schwester noch keine
    Wissenschaftlerin war, ich z. B.
    in eine gew. ANNALISA so verliebt war,
    daß mir noch heute immer wieder
    Bilder durch den Kopf
    (Später viell.)
Sie: »Wir waren nie am Meer, immer nur
    auf einer Alm, jeden Sommer.

So habe ich mir das immer vorgestellt,
wenn meine Freundin in d. Schule vom
Italien-Urlaub erzählt hat...«

Wo ist sie denn? Er sieht sie nicht mehr.
Was für eine Wasserratte. Sie ist in ihrem
Element. Was ist meines? fragt er sich u.
antwortet sich ohne zu zögern: Das Feuer.

17. So lange schwimmen bis einen fast
    die Kräfte verlassen und man sich aus
    dem Wasser steigend wie ein Hüne
    fühlt, mit einem breiten Brustkorb
    alles Muskeln überdimensional u.
    athletisch

Ist sie das, die da am Rücken sich im
Wasser treiben läßt.
Das RÖTLICHE über dem Horizont
ist längst nicht mehr da. jetzt hell u.
gleißend, denkt er u. ist sich nicht ganz
sicher ob GLEISSEND das richtige
Wort ist.

Er könnte sich daran gewöhnen an dieses
Leben am Meer. Freitag ist bereits, am Sonntag
geht es schon wieder zurück in die Binnenstadt.

Die Abneigung gegen einen Urlaub im Süden
ist einem warmen Gefühl gewichen.
(Wie hatte der Freund nach einem Gr.land-
Urlaub gewettert: Fad, nix los, lauter Bauernschädel, die keine Ahnung haben. Und
auf die Frage: War'n dort, wo du warst,
viele Touristen?~~, nein Gott sei~~ sagte er
aus voller Brust: »Gott sei Dank«, denn sonst
wär'n ja nur Bauernschädel etc.
So war er auch drauf, wollte eine
ätzende bissige Bösartigkeit über
Griechen und Griechenlandtouristen schreiben,
wollte kein gutes Haar an gar nichts
lassen… und jetzt: ein warmes Gefühl,
der Wunsch, noch länger hier zu bleiben
und der Vorsatz, sich beim nächsten Mal
vorzubereiten u. auch mögl. viel Sprache
lernen usw.)

18. Die kalten Gefühle so lange der Sonne aussetzen
    bis sie an Krebs zugrunde gehen
~~19.~~

Verdammt, wo ist sie? Untergegangen,
hinuntergezogen worden vom geilen
Dionysos od. wie der zuständige Gott heißt
Dann gäb's, verdammt, in dieser Geschichte,

die unmittelbar in leichten Klamotten
daherkommen soll kein Happy end u. ich
könnte sie vergessen. Das geht nicht!
Er geht in die Richtung, in der er sie
vermutet.

Nach ein paar Schritten denkt er: Es wird
schon nichts passiert sein. Dann denkt er: Wie
viele Menschen haben sich das schon gedacht,
kurz vor dem BLANKEN ENTSETZEN.
Die Idylle gibt es nicht. Jederzeit, wenn kein
Schwein es erwartet, kann der Fisch des
Grauens zuschlagen mit seiner schreckl. Flosse.
Er ißt einen Apfel.
Es wird Abend. Noch eine lange Auto-
fahrt, u. sie will ja noch irgendwohin, bevor
es ab zum Hotel zurück.
Er freut sich auf das Auto, ein ›deutsches
Auto‹, wie der Autoverleiher nicht müde war
zu betonen.

Da fällt ihm der sonderbare Satz ein, den
er plötzlich im Kopf hatte, als er ihr hinterher
dem Wasser entlang, bevor er sie in ihrem
Element umarmen wollte: Das Ufer der
Liebe hat einen Dachschaden. – Aber das ist
er gewohnt, daß da öfter so Sätze in seinem

Da kommt sie über den Sand geschritten,
eine Frau, nicht mehr das freche unkomplizierte
Mädchen, das er einst kennenlernte damals
… verdammt, u. wo ist sie jetzt schon wieder.
Da, schon wieder im Wasser, aus dem sie
ihm jetzt, da er sie entdeckt hat, zuwinkt.

19. Den Zurückgebliebenen am Ufer aus dem
    Meer zuwinken
20. Einen Schlapfen ins Wasser werfen u.
    ihm nachjagen
21. Plantschen, spritzen

»So, schnell, gehen wir!« (18 h)

Zuhause (20^{30}) auf dem Balkon, während sie duscht
notiert er sich noch schnell ein paar Stichwörter
A) Irrfahrt
B) Lebenstüchtigkeit
C) Bergdörfer
D) Müdigkeit u. Vorfreude
E) Spannung (Krimi //): Wird das was?
F) Die gelben Kisten sind weg
G) Noch nie durchgelesen, was er da jetzt in
   2 Tagen so zwischendurch notiert

»Lies bitte den PHOTOAPPARAT, ich will
mit dir über Pascal reden«
»Gut, les ich ihn. Heute werde ich mit dem
da fertig, MORGEN.«
»Sehr gut, u. dann reden wir über Pascal.«

weitere Stichwörter:
H) Die Ankunft
I) Der Flug
J) Die Tiere

Die Wand des Hotels, die Hausmauer ist
mit Efeu bewachsen.
Grillen zirpen.
Und natürl. das Ratschen.
Eine einfache Geschichte, ein Knicks vor
der kollektiven Urlaubserinnerung bzw.
-vorfreude.

»Ich bin fertig! Nur noch kämmen.«
FRISCH MACHEN.

Stichwörter nach dem Essen:
K) Metaxa und Tequila
L) Träume: Rock-Sängerin
M) wider d. gr. Lust noch zu flanieren, promenieren…
N) Gästebuch: »Gelsen«hotel… Was für …?

ABSCHREIBEN

O) Vergl. unsympathisch … Böse Ged. – Beobachte

P) Bett in Glühbirne (mit Flügeln)   Paare
                                          (Umweg!)
                                          1.[unleserlich]
                                          2.

»Zatziki Point«

Der vermeintl. Sandstrand stellt sich
bei genauerem Hinsehen, mit den Füßen war kaum
kein Unterschied zu Sand festzustellen, als
Kiessstrand heraus: unendl. viele kleine Steine

22. Aus den unendlich vielen kleinen Steinen
    einen kleinen Stein in die Hand nehmen und
    ihn lange zärtlich betrachten.
    (»Warum ausgerechnet ich?« fragt er, und
    niemand kann ihm eine Antwort geben)

Während er darüber nachdenkt, wie er folgendes
formulieren soll: Während er eine halbnackte
Schönheit hinter ihr mit den Augen
verschlingt, sagt sie: »Einen Kuß bitte!« sagt sie
aus dem Meer kommend: »Küsschen!«

»Eine Welle hat mich voll erwischt.«

Eine schmale Bucht, Kiesstrand zw. steil
abfallenden hohen Felsen und schäumendem Meer
(aus dem eine Venus nach der anderen kommt
bzw. ~~darin sich hineinstürzt~~ in das eine nach
der anderen geht.
»Mann, was für ein Arsch!«
»Wo?«
»Jetzt ist er nicht mehr zu sehen. Ahh!
Diese Arschbacken klatschen in so ein kleines
Männerhirn wie... Ahh!« Er schlägt sich auf
den Kopf.
Sie legt sich auf den Bauch, öffnet ihr Buch
DEATH...
»Dein Arsch ist auch nicht ohne, nur zu
sehr bedeckt...« Er schiebt ihren Badeanzug
in die Spalte
»Du!«
Er läßt die Offenlegung der Tatsachen bleiben.

Kein SET, nur Handtuch auf dem Kies, das
Schreiben geht so nicht so gut. Der Strand
hier um einiges belebter und weniger UNWIRKLICH
als der gestern.

Die Stichwörter (v. gestern Abend auf dem Balkon)

A) Die Irrfahrt
Mit dem roten Viertürer und ohne Str.karte
verirren sich die beiden im Landesinneren.
Der Benzin geht zu Ende, die Straßen durch
kleine Nester, über Berge, durch Täler nehmen
kein Ende. Über Schotterstraßen fahren sie,
fahrende Schrotthaufen auf d. falschen Str.seite
kommen ihnen entgegen, im Niemandslang
stehen einsame alte Männer am Str.rand,
schwarze alte Frauen mit Eseln, da eine
Schafherde, dort eine abgebrannte Fläche,
aus schattigen Niederungen über Serpentinen
in sommerabendlichtdurchflutete Höhen,
und wieder zurück, entgegenkommenden
Autos nahe am Abgrund ausweichen, sie
hat manchmal Angst (für jemand, der noch
nie selbst mit einem Auto gefahren ist, ist
besonders die rechte Seite, besonders nahe an
besonders abschüssigem Gelände, ein Rätsel;
und ein Mysterium das, daß auf so einer engen
Straße zwei Autos aneinander vorbeikommen.
– Vor kurzem war in allen Zeitungen davon
zu lesen, daß Urlauber so geschnitten
worden waren, daß sie in einen Abgrund
stürzten, es gab Tote); er hatte oft das

Gefühl zu tanzen, das Auto sein Tanzpartner,
die Straßen gleichzeitig Tanzfläche und auf
einer anderen Ebene Choreographie. Und als am
Ende der Odysee dann plötzl. der Weg klar vor
ihnen lag und schließl. Nidri vor ihren Augen
weit unten in der vertrauten u. schon lang
vermißten u. ersehnten Bucht auftauchte, erging
es ihnen wie dem guten alten Odysseus, der
endl. sein Ithaka usw.

Der sturzbesoffene Brite (shit-faced like a cock-
succer) auf die Frage, was er von d. griech.
Mythologie halte: MOTHERFUCKERS!

Er ist sich manchmal selber unsympathisch, weil
er sie mit anderen Frauen vergleicht, weil er sich
nach einer anderen sehnt, aber das kommt ihr nicht
zugute, denn er wirft ihr vor, daß er sich selbst
unsympathisch ist.
Er erschrickt manchmal über die bösen Gedanken
die er nicht ausspricht, und fürchtet sich davor,
einmal in dem Zustand zu sein, in dem er
sie ihr an den Kopf wirft.

»Mir ist fad«, sagt sie.
»Was machen wir?«
»Weiß nicht. Ich leg mich in die Sonne!«

B) Das Sitzen am Steuer des Autos,
was selten passiert, gibt ihm, das ist ihm
schon öfter aufgefallen, ein Gefühl von Lebenstüchtigkeit; auch, was damit zus.hängt, das
Gefühl, erwachsen zu sein.
Ein Mann, der weiß, wo's lang fährt
– das kommt ihm dann geradezu grotesk vor
er bringt Autos weder Sympathie noch Interesse
entgegen, kann aber nicht leugnen, daß er sehr gern
Auto fährt
Der Drang zw.durch immer wieder völlig
unmotiviert zu HUPEN. Ah, dieses Licht!
und schon ein HUPKONZERT zu Ehren des
Sonnengottes.

Als sie den Wasserfall (ein Rinnsal, aber in einer
tollen Schlucht – eine d. Sehenswürdigkeiten im
Raum Nidri) ansahen, nach einem langen Hatsch
durch Plantagen, meinte sie, daß sie dem Drang,
jem. der nahe an einem Abgrund steht, einen
Schubs zu geben, kaum widerstehen könne.

C) In den Dörfern durch die sie fuhren, die da
sind am Arsch der Welt, aber in ein
himmlisches Licht getaucht, saßen in
MALERISCHEN Cafés, die man sonst nur aus FILMEN
kennt, alte Greise, junge Greise u. greisenhaft

die Häuser u. Hütten – aber eben dieses junge
Licht, u. die Esel, u. die Kinder, u. die
Schrotthäufen u. die Schotterwege u. HONIG
der am Str.rand angepriesen wird von einer
alten ~~schwarzen~~ Lady in Black z. B., ~~die~~
die in jedem Gruselschocker od. Horrorthriller
eine gute Figur machen wurde, u. ~~dazu~~
aber überall das freundliche Licht
und er, am liebsten würde er hier
ein Jahr verbringen, herausfinden, was die
da alle so treiben z. B. im Winter, u. wie man
es hier überhaupt aushalten kann u. was
sie da für Strategien entwickelt haben
Dann wieder gr. Orte mit regem Treiben
auf d. Hauptplatz – er würde hier gern
ein Buch schreiben über New York z. B.

D) Die Müdigkeit nach der Irrfahrt (der Schweiß
so schwitz, verklebt u. heiß), die Vorfreude
auf die Dusche, auf das anschließende
Essen, auf das BUMMELN, FLANIEREN,
PROMENIEREN u. dabei GUCKEN, GUCKEN
GUCKEN…

E) Was er so notiert, aufschreibt seit 3 Tagen – er
hat es noch nie durchgelesen – das findet er
spannend. DIE SPANNUNG (u. dagegen ist

jede Krimi-Spannung ein Dreck dagegen – das
findet er in keiner Weise überspannt)
besteht darin: Wird daraus was? Er hat vor,
das Ganze einf. abzutippen, da u. dort was
weglassen, bißchen ausfeilen, da u. dort was
dazu, aber im gr. u. ganzen soll es den
unmittelbaren Charakter bewahren.

F) Die gelben Kisten sind weg. Und auch die
beiden Urlauber werden bald weg sein. Und
andere werden in ihrem Zimmer schlafen,
bumsen etc.

G) = E)

H) Die Ankunft ist schon lange her. Sie war
auf einem Militärflugplatz. ~~Er~~ im Niemandsland.
Und rein in den Bus, dem Meer entlang zum
Hotel, dann gingen sie gleich mal baden
und am Abend essen. In dem Lokal, in dem
~~er bis gestern~~ sie gestern zum zweiten Mal
gegessen hatten.
Jede Ankunft ist eine kl. Geburt.

I) Der Flug war gut, die Landung so, daß alle
im Flugzeug applaudierten. (Wein gab es
in einem kl. Fläschchen, das er zum Mund führte,

in Ermangelung eines entsprechenden Gefäßes,
worauf sie ihm DAS BARSCH verbot, was er
wiederum NICHT verstand und dachte, was
er ihr ein paar Tage später auch sagte: »Als
ich dich kennenlernte, warst du so ein freches,
unkompliziertes Mädchen, u. jetzt so DÄMLICHE
Anwandlungen

       Pferd (weiß, am Str.rand, Ziegen-Geis-
         böcke, Möwen, Huhn, Katzen
J) Spinnen, Gelsen, »Ratschen«, Ameisen,
Fische, Esel, Schafe, Bienen, Wespen, Hunde,
Heuschrecken, div. Insekten (zu Erde + zu Luft)
          Schmetterlinge, dicke Brum-
          mer, Hornissen?
»Soll ich dir eine Sonne auf die Stirn zeichnen?«
»Nein!«

                über ihn:
Zu ihrer Mutter heute am Tel. sagte sie: »Der
schreibt die ganze Zeit...

Sie bekommt ihren Metaxa nach dem Essen
K) Er: »Ich habe, als ich von dem Barkeeper eingeladen
wurde, Salz und Zitrone zu meinem Metaxa
dazubekommen.
Sie: »Das war dann ein Tequila! Mit solchen

Geschichten kannst du mich nicht beeindrucken.

(eine amerikanische Pop-Biene »summt« –
L) Er schwärmt davon wie er früher Rockmusiker
werden wollte: Lied
»Du wolltest nie Rocksängerin werden?«
– einen Song, der ihm den Honig zu Kopf steigen
    läßt: er ist anfällig für so Schnulzen
»Nein!«

Stichwörter (wieder am Balkon, während sie
duscht)

I) Ödibussi etc.
II) Die 2. Bucht (Banal)
III) Lighthouse (Vögel etc. Reisef.) Nebel, Rot,
    kein Gegenverkehr, Schlaglöcher etc.
IV) Wie aus Spaß, zynischem Witz allmähl
    bitterer Ernst wird u. sich von hinten über
    einen drüberstülpt u. d. Trauben hängen hoch –
    auch deshalb
V) Oasis (Unwirklich)
VI) Sie liest vor; du stürzt mich aber nicht…
    Liebeskummer?

Ihre ersten Sätze:

Glass: Es war der Hund, der Maggie Wheelers
               Aufmerksamkeit erregte und ihrem
               Leben ein Ende setzte.

Leon   The body floated face down
               in the murky water of the canal

Swift G. It aint like your regular sort of day.[10]

     ausgewählter
Liste der Wörter aus den 6 Sätzen
gleich viel »Urlaubswörter« und
daraus ein kleiner Text: vereint…

Seine:

Perec   Ich bin geboren am 7. 3. 36

Toussaint Als Monsieur vor nunmehr drei Jahren
           seine neue Stellung antrat, wies man ihm
           ein eigenes Büro zu, und bisher war das
           einwandfrei, sechzehnte Etage, Leonardo-
           da-Vinci-Turm.[11]

Toussaint Es war etwa zur gleichen Zeit in meinem
           Leben, ein ansonsten ruhiges Leben, als
           in meinem unmittelbaren Umfeld zwei...

[Kleines Heft: Die ersten Notizen]

           ... Ereignisse zusammentrafen, die, jedes
           für sich, kaum von Belang waren und die,
           gemeinsam betrachtet, leider nichts mit-
           einander zu tun hatten.

Aus Wörtern von »ihren« u. »seinen« eine
Geschichte.

(Wieder So, wieder Beach vor dem Hotel)

Natürlich steht er im Focus kritischer Betrachtung.
Das Meer ist tief und blau, tiefblau.
Hure – immer schon hat ihn dieses Wort
fasziniert.
Gestern warfen sie zum ersten Mal einen
Blick in die Kirche, das Gotteshaus, in der
Hauptstraße.
Sie, schon sehr müde, äußert sich nicht dazu.
Er denkt: überladener Kitschpompprunk.
Die Huren im Land sind, die Spuren im
Sand: »Bin ich nicht brav, daß ich nicht
geraucht habe. Das hätte ich nicht gedacht...«
Erst vor ein paar Wochen hat sie damit aufgehört,
viele beginnen im Urlaub wieder damit.
Zweite Spur, dem Sand entrissen: »Tauschen
wir die Liegen, dann kann ich in die Sonne
rücken.«
Er erz. ihr vom traurigsten Tag in seinem
Leben: Viareggio.[12])

Stich: o) Insel Ägina.[13])
oo) Die Liste der Urlaube

M) Alles zieht ihn Richtung Promenade: dort zu
bummeln und flanieren bis das letzte Licht
verlöscht, Nicht alles, denn er geht mit ihr mit,
liest neben ihr lang in ihrem Krimi, der ihn
anödet. Was interessieren ihn die Befindlichkeiten
erfundener New Yorker Bullen? Nicht die
Bohne. Und diese raffiniert gesetzten Spannungs-
elemente – zum Gähnen.

22. Sich ein Unterwasser-Abenteuer ausdenken.

N) siehe kleines Heft.
Sie blättert im Gästebuch als sie in der Nacht
nachhause kommen. Sie liest. Eine Eintragung
wie die andere: Schön wars, danke, und
wir kommen wieder. Er unwillig: »Weiter,
du mußt nach Originellem Ausschau halten«
Und da stoßen sie gleich auf folgendes:[14]

                    gelangweilte
O) An den Nebentischen Paar, die sich gegenseitig
anöden. Sie gähnt ihm ins Gesicht, worauf
er ihr ins Gesicht gähnt z. B.
Er stellt sich vor, was da am Nebentisch,
wo ein besonders trostlos dreinschauendes Paar
so von sich gibt u. was sich unter der Oberfläche
tut. Sie sagt z. B. »Ich bin müde«, während

sie denkt: ~~Warum~~ liebt er mich noch?
Er sagt z. B.: »Ich liebe das Eintauchen in
das weibl. Element«, während er denkt: Das
Meer ist blau.
Sie sagt z. B.: »Nur zynische Sprüche!« worauf
er denkt: Das warn nur 95 Prozent von dem
was ich gedacht habe.[15)]

Walter u. Susanne könnten die beiden Protagonisten
dieser heiteren Urlaubsgeschichte heißen. Das
sind Namen, bei denen niemand auf dumme
Gedanken kommt.

P) Die Glühbirne in ihrem Zimmer über dem
Doppelbett (2 Einzelbetten, die sie gleich
zu Beginn zus.schob, das Geräusch, das die
beiden dabei machten, ging ihm fürchterl. auf
die Nerven) hat unten einen spiegelnden Boden,
sofern man da von einem BODEN sprechen kann,
damit es nicht blendet, weiß der Teufel wie man
solche Birnen nennt, die an den Decken wachsen...
in dieser spiegelnden Fläche sieht man das
Bett winzig klein wie weit weg durch ein
Schlüsselloch oder aus der Vogelperspektive
(von unten hinauf: kann da von dieser Perspektive
gesprochen werden?) und auch Walter u. Susanne
sind zu sehen, wenn man genau hinsieht

(er hat sie nie darauf aufmerksam gemacht)
und das kleine Zimmer da oben hat
gebogene Wände (wie eine Blüte von
oben /von unten) die Blüte öffnet sich zum
Boden (immer dann, wenn… dort liegen
seine Stärken‹ wird es später heißen.).
und links der dunkle Gang, direkt vom Bett weg,
und rechts das Fenster, auch das an das
Bett angrenzend in diesem kleinen Bild,
wie gebogene Flügel, Schwingen… das kleine
Zimmer, dessen Bild – focussiert das DARUNTER
im DARÜBER in einer anderen Dimension
schwingt es sich dort mit bewegungslosen
Flügeln über ihren Köpfen in seinen Kopf
hinein…

I) Ödibussi – das sagt ALLES:
»Das ist hier so OUZO!« meint er. Sie
spuckt in ihre rechte Handfläche, streckt die
Hand in die Höhe u. als die Spucke ihre
Achselhöhle erreicht hat, lacht sie gekünstelt

Gestern im Auto: »Am Abend geh'n wir noch
einmal zum letzten Mal essen und dann
können wir den Urlaub Revue
kapitulieren lassen…«

Sie geht ins Wasser, während er schreibt: Sie geht
ins Wasser.
Sie schwimmt, während er schreibt: Sie schwimmt,
während er schreibt.
Er winkt ihr, doch sie sieht es nicht.

II) Der Strand ist schön, gut, ja: steil abfallende
Felsen, schmaler Streifen Kiessand, Meer etc.
aber im Vergleich zu dem gestrigen, kommt er
ihm banal vor, so plump in der Wirklichkeit
protzend. Weil mehr gente del mare? weil nicht
so weit die Aussicht links u. rechts? Weil nicht
dieses Licht von gestern?

22. Sich in den Sand hocken und gelangweilte
    Blicke um sich werfen.
23. Sich NICHT mit Sonnencreme einschmieren...

Er wirft ihr auf ihren Satz »Kann ich das
rote Handtuch haben« das rote Handtuch zu.
Sie liegt ca. 3 Meter neben ihm

...(eine bestimmte Stelle, und diese Stelle der
intensiven Sonnenbestrahlung aussetzen und
mitverfolgen wie sich die Stelle rötet, wie sie
verbrennt
24. Bier trinken

25. Mit dunklen Gedanken gegen die helle
    Zumutung ankämpfen
26. Feinen Kies auf das Geschlechtsteil
    rieseln lassen, bis es ganz verdeckt ist. Dann
    das Spiel: ES RÜHRT SICH WAS UNTER
    DEM KIES.
27. Eine Abhandlung über Hautkrebs lesen
28. Leute in der Nähe heiml. und versteckt
    mit kl. Steinen bewerfen u. UNSCHULDSLAMM
    spielen
29. Sich eine Seeschlacht, als es noch keine Kanonen
    etc. gab, vorstellen.
30. Schreiben

Sie singt immer wieder: »Ein Schiff wird
kommen…«

Schiff mich an, ist das hier schön. So richtig
ahoi.

III) Sie will da unbedingt hin, er auch, aber so
richtig erst, nachdem sie ihm aus dem Reiseführer
vorgelesen hat, u. zwar im Auto, auf einer dieser
nicht asphaltierten Straßen, wo im Schritttempo
kein Geschwindigkeitsrausch, ni mal
-SCHWIPS aufkommen kann.
Sie liest ihm vor: ›Zit.‹[16]

Da beginnt es in seinem Kopf zu arbeiten, er
stellt sich das immer wieder vor, diesen Tod
mit angebundenen Vögeln, diesen Sturz u. das
DAVOR u. diese Unterwelt u. wer waren die
Frauen…

Sie: »Daß du mich nicht hinunterstürzt«
»Hast du Liebeskummer?«
»Ich nicht, aber…«
»Ich bin keine Frau!«

Und kein Auto weit u. breit u. schon eine
halbe Stunde unterwegs u. kein Turm in Sicht
und da, wie um die Lektüre zu vertiefen, d. h.
zu illustrieren u. den Schauer noch schauriger
zu machen, ziehen Nebel auf in Windeseile
verdunkeln sie den Himmel, ziehen vorbei
als hätten sie ein Ziel (seit Tagen keine
Wolke, geschweige denn Nebel gesehen)…
und endl. am Ziel. Der Leuchtturm, wo
früher der Tempel stand u. sie stellen sich
beide vor, wie das hier oft gewesen sein
muß früher, HIER, genau HIER an diesem
Ort, u. der Abgrund und und und
Sie machen Fotos, auf denen DAVON nichts
zu sehen sein wird.

Er zittert vor Todesangst und die Vögel
peitschen ihn mit ihren Flügeln, während sie an
ihn gebunden werden verbunden ~~werden~~
im Flug und Tod
Und ein paar Tage später eine
Frau, weil irgendein Arschloch sie nicht erhört hat.

31. Ein Buch lesen (z. B. ein ätzendes über
    BEACH PEOPLE)
32. Im Wasser pinkeln u. dabei an die
    Vergänglichkeit allen Seins denken
33. Aufs Meer hinausstarren und sich eins
    fühlen mit der starrenden Mehrheit

Walter muß sich manchmal zus.reißen um eine
Frau nicht offensichtlich mit offenem Mund anzu-
starren weil er dieses MÄNNL. STARREN widerlich
findet.

34. Die Schönheitskönigin des Strandes finden
    u. dann die Männer in ihrem Umkreis beobach-
    ten
35. Über die abgedroschene Phrase ›ein Meer von
    od. aus Verzweiflung‹ nachdenken
36. Schlafen.
37. Perec: Freiwillig aufhören.

IV) Das wird nicht näher ausgeführt, schließl. soll
das eine heitere u. oberflächl. plätschernde
Sommergeschichte werden

V) Als sie zurück von der UNTERWELT da
war da in einer Kurve ein Restaurant OASIS
genannt (so heißt hier jedes zweite Lokal)
das war wie ein Traum (nicht so platt wie diese
Ausdrucksweise) das war so: in einem
abfallenden, leicht hügeligen Wald standen
vereinzelt Tische mit Stühlen, zwischen den
Baumstämmen (Kellner haben hier weite
Weg) u. ~~durch den~~ durch die man das
Meer sah, aber keine Gäste, was den unwirkl.
Charakter verstärkte… und später, nach
einem griechischen Salat, wieder auf der Straße,
plötzl. ein weißes Pferd am Straßenrand
Und dieses LICHT (Abendsonne) –
durchflutet, GOLD, wie soll ich sagen,
ein… ach was, was kann der kleine
Mensch schon groß darüber sagen. Klappe
halten u. SCHWEIGEN zu EHREN des
UNAUSSPRECHLICHEN – und zum Teufel mit
der IRONIE, der alte Mann auf seinem
Stuhl, der ist – den würde ich langweilen.
Und er mich auch.

Walter, der urbane Intellektuelle, läßt sich nicht
so leicht beeindrucken u. schon gar nicht
umwerfen von einem bißchen NATURLICHT.

VI) Siehe WEITER OBEN, bzw. HATTEN
WIR SCHON

Sie hatten es schön.
Sie lag neben ihm auf der Liege, müde ihr
Gesicht vom Schwimmen, gezeichnet von der Sonne.
Kinder spielten im Wasser, sie lachten und
weinten.
~~Und aber~~ Er schrieb so einfache Sätze wie ›Sie
hatten es schön‹, bei denen jeder sofort wußte, wie
er darauf gekommen war.
Und über ihnen das RATSCHEN.

– Gib mir doch ein ÖDIBUSSI!
– Nein, mir ist jetzt nicht danach
– Dann leck mich doch am SAPFO
– SAPFO?
– Ich hab von dir jetzt EUNUCH!
…   Sog grad des!

12^{30}. Der Urlaub neigt sich der Ente zu.
Sie spuckt in ihre Handfläche usw.

»Ist das schlimm, wenn ich nicht dusche?«
»Nein, kann ich in Wien noch Meersalz lecken.«

Um 14^h holt uns wer ab. Dann gehts zum
Militärflughafen. Hoffentl. beginnt der Krieg zw.
Griechenland u. Ö. erst morgen.
Sie kämmt ihr Haar.

TSCHÜSS, BEACH!

Nach: diesem TSCHÜSS, BEACH! hätte eigentl.
Schluß sein sollen (kurz hatte ich an CIAO, BITCH!
gedacht, das aber gleich verworfen) d. h. die
sechs Schlußsätze der sechs Bücher (ein Zufall,
daß sie beide je 3 Bücher mitgenommen hatten, er
wollte ursprüngl. eigentl. gar keines
mit Buchstaben darin mitnehmen wollen, nur
eines ohne Buchstaben, also ein ganz leeres; eine
Freundin, die ein paar Tage vor dem Abflug in
seiner BIBLIOTHEK, die sich nur zum geringsten
Teil im Regal, sondern hauptsächl. am Boden und
im sog. Einbaukasten befindet, dort wo früher
als ~~sie noch~~ Susanne noch bei ihm wohnte,
Socken, Unterwäsche etc. – zum Glück hatte er die
Wohnung (billig) nicht aufgegeben, hatte also diese
Freundin bei ihm Bücher ausgeliehen, für
ihren Urlaub in Kroatien, und gefragt, was er

für welche nach Griechenland mitnehmen würde,
und da hatte er ihr eines gereicht, sie hatte es
neugierig aufgeblättert und: LEERE SEITEN

Also die sechs S. wären dann schon noch
gekommen (die kommen dann auch noch)
aber: das Flugzeug hat Verspätung, d. h.
Walter hat noch viel Zeit, ca 1 Stunde, und
als sie sagt, daß sie ja ihr Buch in der
Tasche (Handgepäck) habe, sagte er, daß
er ja auch eines habe, näml. zum Schreiben.

Und da sitzen sie jetzt in einem Warteraum
des Flughafens.
Sie liest immer noch ihr DEATH-Buch.
Er weiß, daß er sich in Griechenland
mit ihr nicht mehr über PASCAL unterhalten
wird können, die in dem PHOTOAPPARAT so
müde ist, und einfach verschwindet
(nur auf einem Foto ist sie zufällig im
Hintergrund zu sehen…)
DEATH IN A STRANGE COUNTRY – dazu
ist es nicht gekommen.

Im Bus, der sie vom Hotel abholt, hört
Walter einen Mann zu seiner
Frau (beide wohnten auch in dem Hotel,

in welchem zumindest ein Bett
seltsame Flügel hatte) sagt:
»Jetzt müßte gleich das Fisch-Restaurant
kommen, auf der rechten Seite«
Es kommt.
»Da sind wir schon gesessen!«
Etw. später, bereits in der Stadt
Lefkada, derselbe Mann:
»Da, in dieser Gasse, sind wir gestanden.
Weißt du noch?«
»Ja, ich habe mir den Supermarkt gemerkt...
(Forts.)

Unterbrechung: Sie ist müde. Walters Schulter muß
herhalten.
Walter muß aufs WC.
Im Nebenabteil plötzl. der Ruf »HASI« – Niemand
antwortet. Er noch einmal, diesmal lauter HASI!
u. dann das Unerhörte: ein langgezogener Furz.
Walter läßt den armen Hund dumm sterben,
sagt nichts, nicht einmal: »Ich bin nicht
dein Hasi!«

Forts: ... Da sind wir gestanden, in dieser Gasse,
weißt du noch, das sind wir gestanden. Das war
vorgestern, od war es der Tag davor, ich weiß
nicht mehr, aber da sind wir gestanden, den

Supermarkt hab' ich mir gemerkt, weißt du
noch.
Rätsel für helle Köpfe: Wer ist WIR?
1. Das Paar.
2. Das Auto.
3. Der Weltfrieden.
(Die richtige Antwort durchstreichen)

Gestern: Erster Versuch ins Hotel. Er geht über die
kleine Brücke mit den losen Brettern
vor dem Meer über den stinkenden Bach.
Er schreckt zurück, vor ihm auf der
Brücke (schon den Brettern traut er nicht
ganz, gr. Lücken auch) steht ein Hund,
ein recht großer. Er sagt freundl. HALLO
und stellt sich an den Rand u. läßt den
Hund vorbei.
Am Hotel geht er vorbei wieder auf
die Hauptstraße, es ist bereits nach 1 Uhr,
immer noch viel los...

ROCK C. er schaut rein. Schon wieder DOORS.
Nicht daß er die nicht mag, ganz im
Gegenteil, auch ist er nicht der Meinung, daß man
immer gerade auf die aktuellen Züge
aufspringen sollte, TROTZDEM sind die
DOORS jetzt hier nicht sein Ding (freilich

damals in Amsterdam, als er tagelang halbtot
in einer Ecke lag, es ihm elend ging, und ihm
sein Freund, der am Tisch saß, soff und kiffte
u. immer wieder sagte: »Das ist ja wie bei Charles
BUKOWSKI!« maßlos auf d. Nerven ging,
da war J. Morrison ein Halbgott für ihn
u. auch die holprige Band, die, um es klar zu
sagen, auf PERFEKTION schiß.

Im Lokal: Er sagt, weil's gerade
wieder mal läuft: Ich HASSE Phil Collins,
da wird das Lied, ohne daß es zu Ende
ist, abgeschaltet. Er ist begeistert.
Er: »Diese aalglatten kleinen Liedchen
vom Fließband…«

———————

Wien 21^h, sie am WC (hoffentl. klappt es hier!)

Stich
W1: Nachtrag   plötzl.
W2:Flug, traurig, Vertrautheit u. der
     anderen
W3: TROSTLOSIGKEIT ist das Wort.
W4: 2 Steine!!

Dann ganz zum Schluß:

›Ihre‹ letzten Sätze:

Glass: Ohne ein Wort nickte er und führte sie
            nach links zum Mexikaner.

Leon: »Guido, why are you crying?«

Swift G: Then I throw the last handful and
            the seagulls come back on a second chance
            and I hold up the jar, shaking it,
            like I should chuck it out to sea too, a
            message in a bottle, Jack Arthur Dodds,
            save our souls, and the ash that I carried
            in my hands, which was the Jack who
            once walked around, is carried away by
            the wind, is whirled away by the wind
            till the ash becomes wind and the wind
            Jack what we're made of.

Seine:

Perec: Ich höre freiwillig bei 37 auf.

Toussaint: Ein Kinderspiel, für Monsieur,
           das Leben.

Toussaint: Am Leben.

Und jetzt tippe ich das GANZE einfach ab,
sagte Walter, und wir lehnen uns
zurück und sind gespannt.

<u>Nachtrag</u> (Monate Wochen) danach

halb weiß, halb
    rötl. braun
ganz klare, gerade ~~Grenz~~
abgegrenzt

ganz weiß

Das Heft

Jetzt fang ich mal an, hier auf Meganassi, in
einer kl. Bucht, wohin wir mit dem Schiff (wann
ist ein Wasserfahrzeug ein Boot und wann oder
ab wann ein Schiff?): <u>Bucht</u> und <u>Schiff</u>, das
sind tolle Wörter, und gäbe es nicht die Wissen-
schaft od. die Erforschung dessen, was unter
der Wasseroberfläche und auf den Inseln, hinter
dem Berg- od. Hügelrücken – hinter? ein großes
TJA.
Es gab, gibt mehrere Möglichkeiten: 1. Stoff
sammeln, also Beobachtungen aufzeichnen,
Eindrücke horten also, um damit dann eine
Erzählung (Sommergeschichten sind sehr
gefragt bei dem Publikum) aufzupäppeln,
das heißt eine Atmosphäre zu schreiben
(sie hat gerade wieder mal Geld verloren,
diesmal ist es ins Wasser gefallen u. sie
klebt es neben mir an die Felswand zum
tröcknen (warum nicht); 2. Alles aus der
Sicht eines zynischen bösen Mannes, also
immer auf d. Suche nach den Peinlichkeiten
und Absurditäten: Ein kleiner dicker

Grieche in einem kleinen bunten Schlauchboot
(Schlauchboot – also so ein aufblasbares
Wassergefährt – gefährt? – jedenfalls der
kl. dicke Grieche – od. ist es ein Ausländer
so wie ich? – liegt in seinem Schlauchboot
und paddelt so herum in Ufernähe
und sein Bauch hat viele Fleischfalten,
die sollte man aufblasen, denke ich;
oder ein Pärchen mit 2 Schlägern in
der Hand schlägt bis zum Arsch im Wasser
stehend unermüdlich ein kl. Bällchen
hin u. her etc. 3. Einfach schreiben
schön schreiben üben für das Projekt
»das Wetter« – aber das geht mir zu
langsam 4. Tagebuch. Einfach so
notieren, was wir machen

Gestern eine Radtour z. B. 1,5 Stunden
u. ich sang meine Lieder
Li: undekacke undekacke

Noch nie habe ich so schöne Steine gesehen.
Ich zeichne einen ab, die Umrisse fahre
ich nach:

Ein Grieche vor mir nimmt einen Stein
in die Hand. Im Wasser 3 Männer im
Gespräch, dahinter unser Schiff, das im
Wasser schaukelt. Das Meer so tiefblau
daß man es kaum glaubt. Der Geldschein
trocknet in der Sonne. Salz im Mund.
Eine kleine, steinige Insel, viell.
100 m², – kaufen u. ein Hotel drauf-
bauen, einen Turm. Ob er gewußt habe,
daß unter Wasser höhere Berge sind als
über dem Wasser. Berge? sagt er. Sie
meint, es wäre ein Fehler gew., kein Buch
mitzunehmen. Er sagt was von seinem
inneren Reichtum.
Distanzierte Geschichte mit Handlung
(// J. P. Toussaint): nur wenig Dialoge

X – Sagapo
Y – Der Hund auf der Brücke/ [unleserlich]
Z – er beobachtet Pärchen: sie:
keine Zärtl.keit, nur zynisch
so wie sein Gesicht: 95 % der
Zynismen hab ich mir verkniffen
XIII – Er muß bei ihr ausziehen
Ich darf bleiben
Sag's doch dem Po
Er braucht sie, liebt sie
Ödibussi
[unleserlich]: Die Frauen. Er will…

Und: da ist das Kind.

Sie voller Sand
Schmutziges Mädchen
Das willst du doch
Ja, aber anders
Entw. oder

Abschied: Der Hund

Sie: ~~Ah, das ist ja~~ Warum
regnet es hier nie?
Das ist wegen der klimat.
Bedingungen

Sie: Ah, da fotographiert wer
     Dachtest du daß sich
     der Himmel elektrisch
     entladen hat

Liste: Wo u. mit wem auf
Urlaub
sie: Versteh dich nicht
er: Wir sind zu unterschiedl.
Mißverständnis: sie glaubte
Liste der Urlauber
des Hotels (zu denen 0-Beziehung
Sie: Warum so was SINNLOSES
     streichle mich stattdessen

Sie lacht hysterisch, oft
dann, wenn ihr eher zum Weinen
zumute ist

– ohne Schuhe, barfuß, kein
  Gestank z. B.
– Seine Vorurteile
Träume, die ihn beflügeln
Seine gr. Fehler
z. B. Selbstbezogenheit,
sodaß manchmal der Wunsch
sich auszuradieren

Selbstekel
Sie liest den Titel eines Reiseführers
›L. heute u. gestern‹, der wäre
noch besser gew.
Er: Heute: Sonne, gestern: Sonne
…

50 Dinge … (Perec)
bei einem Essen.
Er ärgert si schon deswegen, weil
sie glaubt, wenn sie übermorgen
sterben müßte
Dann sie: Zu dritt auf Urlaub

97: Die 2te Brücke

98: You are sitting here
    for a very long time?

_____

»Dieses »Gelsen«hotel mit Mini-Bade
zimmer (1,5 m^2) mit sämtlichen tropfenden
Wasserhähnen und einem WC auf dem man
schräg sitzen muß um überhaupt sitzen zu
können entsprach nicht unserem europäischen
Standart! Unser kleines Zimmer ohne
Abstellfläche gab uns den Rest!

So schnell kommen wir nicht
mehr!

Fam (unleserlich)
3-8-1997

PS: Eine schöne Insel«

Mythos Bar

Die Kellnerin: Are you waiting
here for a very long time?
No, not for a very long t.
I am sorry

das Haus am anderen Ufer
das Licht – eine schmale
Spur wie eine Hängebrücke
Bretter über das Wasser
die Fortsetzung der Linie v.
seinen ausgestreckten Füßen
barfuß
Er hat Lust, diese Brücke
zu betreten
Er fragt si: Wie weit ist er
davon entfernt, das zu
tun?

1:1 abtippen[17)

Anmerkungen

1) Leslie Glass: Schwester, liebe Schwester mein

2) Hansjörg Zauner, Anselm Glück, Bodo Hell: österr. Autoren, denen nicht vorgeworfen werden kann, den sog. Massengeschmack zu bedienen

3) Gugging: Psychiatrische Anstalt bei Wien mit Künstlerpavillon, wo sich die Patienten (u. a. Ernst Herbeck alias Alexander – inzw. verstorben) künstlerisch betätigen können (bzw. konnten)

4) Spiel: Wer findet die meisten Fehler in dieser Urlaubsgeschichte?

5) Aus dem Buch ›VORBEI GEWORTET APPARAT‹ von Hansjörg Zauner

6) Vgl. Das Heft, Seite 2

7) In einem seiner Bücher schreibt Nooteboom, daß die Erinnerung ein Hund sei, der sich hinlegt, wohin er will. – Ein Freund (Alfred Obermayr) hat nach diesem Satz die Lektüre des Buches abgebrochen

8) Georges Perec: Geboren 1936
   Jean-Philippe Toussaint: Der Photoapparat

9) Donna Leon: Death in a Strange Country

10) Graham Swift: Last Orders

11) Jean-Philippe Toussaint: Monsieur

12) Annalisa (gr. Urlaubsliebe, vgl. Seite 57) abge-
    reist, Sonne weg – Strand so leer ohne die bei-
    den, Herbst winkt, Urlaubs- u. Ferienende,
    Schulbeginn…

13) Während sich bei Vollmond zwei Freunde strei-
    ten, was in Handgreiflichkeiten übergeht (die bei-
    den wälzen sich im Sand), u. ein dritter Freund
    splitternackt mit ausgebreiteten Armen ins Meer
    hinaus schreitet, spiele ich auf einer absichtlich
    verstimmten Gitarre…

14) Das Heft, Seite 8

15) Vgl. Das Heft, Seite 4

16) »Für die 9 km von Pórto Katsíki bis zum Kap
    Doukáto (Wegweiser ›Akrotírion‹) braucht man
    eine halbe Stunde, weil die Piste sehr schlecht zu
    befahren ist. Am rauhen Ende der Insel, wohin
    Homer den Eingang zur Unterwelt verlegte, tun
    sich spektakuläre Abgründe auf. Unglücklich

verliebte Mädchen sollen sich von den Klippen in die Tiefe gestürzt haben, wie laut der Legende die Dichterin Sappho, nachdem Phaon ihre Liebe verschmäht hatte. Deswegen nennt man die Stelle auch *Kávos Kyrías*, Kap der Frau. In der Antike wurden hier den Göttern Menschenopfer dargebracht. Verbrechern band man vor dem Sturz Federn und lebende Vögel an den Körper, um den Fall zu verlangsamen. An der Stelle des Leuchtturms stand ein Apollontempel. Der Meeresgott mit dem Beinamen Delphinos galt als Beschützer der Seefahrer, bei denen das Kap gefürchtet war. Noch heute passieren Tanker und Fähren den Felsen in gebührendem Abstand.« (Polyglott-Reiseführer: Korfu, Ionische Inseln)

17) Was ich (er) hiermit getan habe (hat). August/September 1998

© Literaturverlag Droschl Graz – Wien
Erstausgabe 2000

Layout + Satz: AD
Umschlaggestaltung: Johanes Zechner
Herstellung: Druckerei Theiss Wolfsberg

ISBN 3-85420-549-X (Normalausgabe)
ISBN 3-85420-550-3 (Sonderausgabe)

Literaturverlag Droschl A-8010 Graz Alberstraße 18
www.droschl.com